I0066145

Alexander Goldwein
Thomas Wagner

Erfolg als IMMOBILIENMAKLER

Immobilienmakler werden & Geld verdienen

M&E Books Verlag

Erfolg als Immobilienmakler
Immobilienmakler werden & Geld verdienen
Alexander Goldwein
Thomas Wagner

M&E Books Verlag GmbH
Mittelstr. 11-13
40789 Monheim am Rhein
Telefon 02173-993 8712
Telefax 02173-898 4993
https://me-books.de
info@me-books.de
Steuer-Nr: 135/5746/0659
USt.-IdNr.: DE310782725
Geschäftsführer: Vu Dinh

VORWORT

Dieser Ratgeber ist für Menschen geschrieben, die den Beruf des Immobilienmaklers ergreifen wollen oder bereits ausüben. Sie erhalten eine genaue Anleitung, wie Sie sich Schritt für Schritt erfolgreich selbständig machen können:

- Strategie für die Akquisition von Vermittlungsaufträgen
- Taktische Ratschläge für erfolgreiches Marketing im Internet
- Erlangung der Gewerbeerlaubnis nach § 34c GewO
- Besprechung der notwendigen Softwarelösungen für ein Maklerbüro
- Strategische Informationen für einen optimalen Maklervertrag und einen Mustervertragstext als Bonus

Wegen des großen Erfolges liegt der Ratgeber nun bereits als 5. Auflage vor. Eine von zahlreichen Leserrezensionen zur 1. Auflage:

> *„...Der Autor wirft die richtigen Fragen auf und gibt überzeugende Antworten, die meine praktischen Probleme lösen. Endlich habe ich zufriedenstellende Antworten bekommen auf all die Fragen, die mich bei meiner praktischen Arbeit als Maklerin beschäftigt haben. Herzlichen Dank! A. Bußkamp...“*

INHALTSVERZEICHNIS

VORWORT -- 4

Kapitel 1
EINLEITUNG -- 9

Kapitel 2
DAS KLASSISCHE GESCHÄFT DES IMMOBILIENMAKLER -- 11

2.1 Einleitung -- 11

2.2 Persönlichkeit des Maklers -- 12

2.3 Fachliche Qualifikation des Maklers -- 18

2.4 Marktanalyse und Verdienstchancen -- 20

2.5 Betriebsorganisation -- 25

2.6 Franchisemodell oder Eigenregie? -- 28

2.7 IT-Infrastruktur für das Maklergeschäft -- 31

2.8 Objektakquisition und Beschaffungsmarketing -- 33
2.8.1 Objektqualität des Vermittlungsbestandes -------- 34
2.8.2 Akquisition des Vermittlungsbestandes ----------- 36
2.8.3 Objektsuchanzeigen -- 36
2.8.4 Networking als Akquisitionsstrategie ------------ 42

2.9 Spezialisierung oder Generalisierung? ------------46
2.9.1 Ein- und Zweifamilienhäuser -------------------- 48
2.9.2 Bauträgerobjekte ----------------------------------51
2.9.3 Eigentumswohnungen --------------------------- 53
2.9.4 Mehrfamilienhäuser ---------------------------- 59
2.9.5 Unbebaute Grundstücke (Wohnbauland) --------60
2.9.6 Vermietung oder Verkauf oder beides? ---------- 63

Kapitel 3
RECHTLICHE GRUNDLAGEN ----------------------68

3.1 Gründung eines Immobilienmaklergeschäfts ---- 69
3.1.1 Erlaubnis nach § 34c Gewerbeordnung ---------- 69
3.1.2 Die Makler- und Bauträgerverordnung -----------71
3.1.3 Gesetz zur Regelung der Wohnungsvermittlung -- 73
3.1.4 Internetpräsenz des Maklers -------------------- 75
3.1.5 Rechtliche Vorgaben für Inhalte des Exposés ----- 77

3.2 Abschluss und Durchsetzung des Maklervertrages ----------------------------------78
3.2.1 Gesetzliche Ausprägung des Maklervertrages ---- 78
3.2.2 Zustandekommen des Maklervertrages -----------81
3.2.3 Gestaltungsmöglichkeiten beim Maklervertrag --- 82
3.2.4 Voraussetzungen für wirksamen Provisionsanspruch 90

3.3 Reservierungsvereinbarung -------------------- 99

3.4 Problemherd „AGB-Rechtsprechung“ ----------- 101

3.5 Problemherd „Widerrufsbelehrung“ ------------103

Kapitel 4
ERSCHLIESSUNG WEITERER ERTRAGSCHANCEN DURCH ZUSATZSERVICE ------------------------- 106

4.1 Chancen und Risiken zusätzlicher Serviceleistungen -------------------------------- 107

4.2 Beratungsleistungen des Maklers -------------- 109
4.2.1 Bautechnische Beratung ------------------------- 112
4.2.2 Rechtsberatung ---------------------------------- 113
4.2.3 Steuerrechtliche Beratung ----------------------- 115

4.3 Finanzierungsberatung und Immobilienkreditvermittlung ------------------- 117

4.4 Immobilienbewertung --------------------------- 119

Kapitel 5
ANHANG (GESETZE)---------------------------------122

5.1 Bürgerliches Gesetzbuch (BGB) --------- 122

5.2 Gewerbeordnung (GewO) ----------------------123

5.3 Makler- und Bauträgerverordnung (MaBV)------127

5.4 Gesetz zur Regelung der Wohnungsvermittlung (WoVermRG) ----------------------------------- 150

5.5 Gesetz über außergerichtliche Rechtsdienstleistungen (RDG)--------------------155

5.6 Telemediengesetz (TMG) ----------------------- 179

KAPITEL 1
EINLEITUNG

Der Beruf des Immobilienmaklers ermöglicht überdurchschnittliche Verdienstmöglichkeiten. Sie brauchen kein langes Universitätsstudium, um als Arzt oder Rechtsanwalt zu einem hohen Einkommen zu kommen. Sie können dieses Ziel ebenso als Immobilienmakler erreichen. Voraussetzung ist allerdings, dass Sie bereit sind, einige grundlegende Überlegungen anzustellen und Ihre Tätigkeit als Immobilienmakler optimal zu planen und umzusetzen.

Wenn Sie planlos beginnen und keinen typischen Anfängerfehler auslassen, so werden Sie entweder nie oder erst Jahre später einen Mercedes fahren und in einem großzügigen Haus als Eigentümer wohnen können. Das Leben ist zu kurz, um die Kräfte auf Umwegen zu verschleißen und erst Jahre später herauszufinden, wie es eleganter und erfolgreicher möglich gewesen wäre.

Den ersten Schritt zu Ihrem Erfolg haben Sie mit der Erkenntnis getan, dass Sie Informationen benötigen, um erfolgreich zu sein. Das haben Sie mit dem Erwerb dieses Praxisleitfadens dokumentiert. Sie halten gerade den Schlüssel zu den relevanten Informationen und damit zu Ihrem künftigen Erfolg als Immobilienmakler in den Händen. Damit sind Sie Ihren planlos und unüberlegt agierenden Konkurrenten schon einen entscheidenden Schritt voraus. Allerdings liegt auch eine Menge Arbeit vor Ihnen. Denn die Wahrheit ist, dass der Erfolg als Immobilienmakler sich nicht von allein einstellt sondern nur durch sehr viel harte Arbeit.

Die wichtigste Voraussetzung für Ihren Erfolg haben Sie jedoch bereits. Sie müssen sich dieser Voraussetzung nur bewusst werden und lernen, diese zielgerichtet und effizient einzusetzen. Die Rede ist von Ihrer Persönlichkeit. Wenn Sie ein extrovertierter und kommunikationsstarker Mensch sind und gern mit anderen Menschen kommunizieren und ein selbstbewusstes Auftreten haben, dann bringen Sie bereits eine der wichtigsten Zutaten für Ihren Erfolg als Immobilienmakler mit. Wenn Ihnen Ihre Freunde und Bekannten darüber hinaus nachsagen, dass Sie ein modebewusster Typ mit einem stilsicheren Geschmack sind, dann ist das ein weiteres Indiz dafür, dass Sie als Immobilienmakler eine gute Figur machen können.

Es wäre schade, wenn Sie mit all diesen Talenten nur deshalb nicht erfolgreich sind, weil Sie planlos vorgehen und sich nicht richtig vorbereiten auf den beruflichen Erfolg. Daher ist mein Ziel, Sie mit diesem Praxisleitfaden optimal vorzubereiten auf den Einstieg in den Beruf des Immobilienmaklers bzw. Ihnen bei der Optimierung Ihres beruflichen Erfolges weiterzuhelfen wenn Sie bereits als Immobilienmakler tätig sind.

KAPITEL 2
DAS KLASSISCHE GESCHÄFT DES IMMOBILIENMAKLER

2.1 Einleitung

Der Beruf des Immobilienmaklers ist entgegen der landläufig verbreiteten Auffassungen ein sehr anspruchsvoller und facettenreicher Beruf wenn man sich nicht auf den Kernbereich der Aufgaben beschränkt, zwei Vertragsparteien eines Immobilienkaufes oder einer Immobilienanmietung zusammen-zuführen. Der klassische Kernbereich der Tätigkeit des Immobilienmaklers beinhaltet zwar genau das. Ein guter Immobilienmakler, der sich am Markt einen guten Ruf aufbauen will, beschränkt sich jedoch nicht auf diesen Kernbereich sondern schärft sein Profil darüber hinaus durch eine überdurchschnittliche Marktkenntnis und Serviceorientierung. Das kann ein Immobilienmakler z.B. durch eine Abrundung seines Leistungsspektrums um zusätzliche Leistungen (Beratung, Vermittlung einer Finanzierung etc.) dokumentieren.

Daher finden Sie in diesem Praxisleitfaden nicht nur die Darstellung des klassischen Maklergeschäftes mit allen Aspekten und Facetten **(Kapitel 2)** sondern darüber eine Darstellung von weiteren möglichen Betätigungsfeldern, die das Leistungsspektrum des Immobilienmaklers sinnvoll ergänzen und abrunden können **(Kapitel 4)**. Gerade diese zusätzlichen Leistungsangebote stellen oft einen Anknüpfungspunkt dar, um mit potentiellen Kunden für klassische Maklerleistungen in Kontakt zu kommen. Darüber hinaus ist es natürlich auch einfacher, ein Vertrauensverhältnis zum Kunden aufzubauen, wenn man dokumentieren kann, dass man auch auf fachliche Fragen rund um die Immobilie Antworten weiß. Schlecht ist es, wenn Sie auf Fragen eines potentiellen Kunden nach dem Wert einer Immobilie oder nach der Steuerpflichtigkeit von Veräußerungs-gewinnen nur achselzuckend reagieren können und auf Fachleute verweisen müssen, die sich mit so etwas auskennen.

Im **Kapitel 3** dieses Ratgebers werde ich Sie schließlich in die rechtlich relevanten Fragestellungen des klassischen Maklergeschäftes einführen. Das wird Ihnen helfen, rechtliche Probleme von Anfang an zu vermeiden und sich auf die inhaltliche Arbeit zu konzentrieren. Sie werden nur dann schnellen und nachhaltigen Erfolg haben, wenn Sie sich von Anfang an *„den Rücken freihalten“*, um Ihre Kräfte nicht auf Nebenkriegsschauplätzen zu verschleißen.

2.2 Persönlichkeit des Maklers

Ein Immobilienmakler verdient sein Geld damit, dass er auf dem Immobilienmarkt eine Mittlerfunktion wahrnimmt und potentielle Vertragsparteien zusammenbringt, die eine Immobilie kaufen oder verkaufen bzw. mieten oder vermieten wollen. Damit er dieser Aufgabe gerecht werden kann, muss der Makler ein professioneller Kommunikator sein.

Ein Mensch, der andere Menschen als anstrengend empfindet und nicht gerne spricht, wird sich bei dieser Aufgabe natürlich sehr schwer tun und kaum erfolgreich sein können. Wenn Sie jedoch gerne mit Menschen umgehen und ein sehr eloquentes Auftreten haben und sehr gut reden können, dann werden Sie dieser Aufgabe sicherlich sehr viel besser gerecht werden können.

Bevor Sie jedoch voreilig und selbstgefällig zu einer unrealistischen Selbsteinschätzung Ihrer Persönlichkeitsmerkmale und Ihrer kommunikativen Fähigkeiten kommen, sollten Sie sich kritisch mit sich selbst auseinandersetzen. Setzen Sie sich ehrlich und schonungslos mit den nachfolgenden Fragen auseinander, um eine Antwort auf die Frage zu finden, ob Sie für den Maklerberuf geeignet sind oder nicht.

Fragen Sie sich z.B. wie Sie in den folgenden Situationen reagieren würden:

Beispiel 1:

Stellen Sie ich vor, Sie haben bereits ein Immobilienmaklerbüro eröffnet und es betritt eine ältere Dame Ihr Maklerbüro, die sich als Frau Müller vorstellt. Nach den Begrüßungsformalitäten spricht Frau Müller sehr langsam und unstrukturiert, so dass Sie nicht recht verstehen was die Dame will und worum es geht. Ihren Worten ist lediglich zu entnehmen, dass der Mann von Frau Müller kürzlich gestorben und ist und sie nun alleinstehend ist. Auch mehrere Nachfragen fördern zunächst nur Klagen über die belastende Lebenssituation und Hilflosigkeitsbekundungen zu Tage.

Wenn Sie nun zu der Einschätzung gelangen, dass Sie Frau Müller nach 10 Minuten mitteilen würden, dass Sie sich nicht länger die Zeit stehlen lassen wollen und diese wegschicken, so würde das bedeuten, dass Sie höchstwahrscheinlich nicht über die nötige Geduld und das nötige Fingerspitzengefühl verfügen.

Beim Umgang mit Kunden in schwierigen Lebensumständen ist Sensibilität erforderlich, um angemessen und klug zu reagieren. Souveräner und professioneller wäre es in dieser Situation, Frau Müller gezielt nach Unterlagen zu fragen, die sie vielleicht mitgebracht hat, um daraus Anhaltspunkte über ihr Anliegen zu gewinnen. Sollte Frau Müller z.B. einen Bauplan und einen Immobilienkaufvertrag oder einen Grundbuchauszug dabei haben, so könnten Sie daraus Informationen beziehen, die Ihnen Frau Müller in der gegenwärtigen Situation (aus welchen Gründen auch immer) im Gespräch nicht strukturiert und effizient mitzuteilen vermag. Hilfreich könnte in einer solchen Situation sein, Vermutungen in Fragenform zu äußern, um Frau Müller zu helfen, ihr Anliegen mitzuteilen.

Sie könnten z.B. fragen:
„ ... Da Sie nun allein in dem Haus leben, ist dieses für Sie zu groß geworden und Sie denken über Alternativen nach ?... „

Bedenken Sie bitte auch, dass solche Situationen für den Berufsalltag des Immobilienmaklers nicht so ungewöhnlich sind, da es häufig Umbruchphasen im Leben von Menschen sind, die diese veranlassen, den Verkauf einer Immobilie zu betreiben (z.B. Ehescheidung, Tod von Angehörigen etc.). Es ist daher notwendig, in solchen Situationen mit Fingerspitzengefühl und Sensibilität vorzugehen.

Beispiel 2:

Sie sind als Gast auf der Geburtstagsparty einer alten Schulfreundin Ihrer Frau. Ihre Frau unterhält sich angeregt mit alten Freundinnen und vergisst im Eifer des Gefechts,

Sie vorzustellen. Sie kennen all diese Leute kaum und kennen auch die alten Geschichten nicht, die diese Menschen miteinander verbindet.

Wenn allein die Vorstellung dieser Situation in Ihrem Geiste bei Ihnen Unbehagen auslöst, dann ist auch das ein Indiz dafür, dass Ihre kommunikativen Fähigkeiten für den Beruf des Immobilienmaklers nicht optimal sind.

Wenn Sie hingegen spontan sagen, dass Sie es interessant finden, all die alten Freundinnen Ihrer Frau kennenzulernen und sich unkompliziert einfach selbst vorstellen und aktiv in die Gespräche einschalten, dann wäre das schon ein deutlich günstigeres Indiz für Ihre kommunikativen Fähigkeiten.

Beispiel 3:
Stellen Sie sich selbst die Frage, in wie vielen Vereinen Sie Mitglied sind und welche Funktionen Sie in diesen Vereinen wahrnehmen.

Kommen Sie bei dieser Bestandsaufnahme auf wenige oder gar keine Vereine, so wirft auch das ein aussagekräftiges Licht auf Ihre kommunikativen Fähigkeiten.

Wenn Sie hingegen eine hohe Zahl von Mitgliedschaften und wohlmöglich darüber hinaus noch besondere Funktion in den Vereinen auflisten können, dann ist das ein starkes Indiz dafür, dass Sie gut ausgeprägte kommunikative Fähigkeiten haben, die Ihnen als Trittstein zum Erfolg als Immobilienmakler sehr nützlich sein werden.

Sie verstehen sicherlich, was ich mit diesen 3 Beispielen zum Ausdruck bringen will. Es stellt eine Versuchung dar, die eigenen kommunikativen Fähigkeiten vorschnell zu positiv einzuschätzen und sich damit selbst etwas vorzumachen. Die gedankliche Konfrontation mit kritischen Situationen oder die nüchterne Bestandsaufnahme von aussagekräftigen Indizien für oder gegen kommunikative Fähigkeiten kann dabei hilfreich sein. Wichtig ist, dass Sie sich realistisch und schonungslos mit den eigenen kommunikativen Schwächen und Stärken auseinanderzusetzen. Auch wenn es vordergründig beim Beruf des Immobilienmaklers um Immobilien zu gehen scheint, so geht es bei genauer Betrachtung mindestens genau so sehr um Menschen und den Umgang mit Menschen.

Darüber hinaus sollten Sie als Immobilienmakler in der Lage sein, überzeugend zu argumentieren. Dabei ist die Erkenntnis wichtig, dass *Überreden* etwas anderes ist als *Überzeugen*.

Vor Jahren wurde ich als Immobilienkaufinteressent von einer Maklerin durch Räume geführt, die offensichtliche Mängel hatten. Der Zuschnitt war nicht optimal und die Räume waren recht klein, so dass die hohen Decken einen Eindruck von Einkesselung erzeugten und nicht von Weite und Großzügigkeit. Die Maklerin hatte keine Argumente und wiederholte nur immer wieder, dass die Wohnung mit den hohen Decken „*affenstark*" sei. Wie Sie sich sicherlich denken können, hat mich das nicht überzeugt. Am Ende der Besichtigung war ich jedoch davon überzeugt, dass ich es mit einer unterdurchschnittlichen Maklerin zu tun hatte, die nicht auf Überzeugung durch Argumente setzt sondern auf Überredung mit Phrasen. Tun Sie so etwas bitte nicht. Sie erreichen damit nichts und dokumentieren damit nur, dass Sie kein guter Makler sind.

Es wäre bei der gegebenen Sachlage von der Maklerin

viel souveräner gewesen, die nicht wegzuleugnenden Fakten einzuräumen und stattdessen zu signalisieren, dass über den Preis verhandelt werden kann. Bei einem sehr günstigen Preis hätte man diese Immobilie nämlich als Renditeobjekt durchaus noch in Erwägung ziehen können, aber keinesfalls als Wohlfühltraumwohnung für die Eigennutzung. Das hatte die Maklerin nicht begriffen und daher sowohl ihre als auch meine Zeit verschwendet.

Ich möchte Ihnen auch nicht verschweigen, dass Sie als Immobilienmakler auch in der Lage sein müssen, Misserfolge zu verkraften. Natürlich werden Sie zu Beginn Ihres Berufslebens als Immobilienmakler eine Menge Zeit damit verbringen, Interessenten durch Immobilien zu führen, die am Ende des Tages nicht kaufen. Das generiert vergeblichen Aufwand, der nicht vergütet wird. Denn Sie verdienen erst dann die Maklerprovision (es sei denn, dass Sie etwas anderes vertraglich vereinbaren) wenn ein Kaufvertrag oder Mietvertrag über die Immobilie tatsächlich wirksam zustande kommt. Solche Erfahrungen dürfen Sie nicht demoralisieren und in Ihrem Elan bremsen.

Den Aufwand für vergebliche Gespräche und Besichtigungstermine können Sie jedoch mittelfristig reduzieren wenn Sie lernen, bereits in der Vorphase (Telefonate, Auftragsanbahnung per email o. ä.) so effizient zu kommunizieren, dass Sie schneller erkennen was die Leute wirklich wollen. Dann werden Sie den Aufwand für vergebliche Besprechungen und Besichtigungstermine ohne Kaufvertragsschluss erheblich reduzieren können.

Last but not least möchte ich Ihre Aufmerksamkeit darauf lenken, dass Sie als selbständiger Immobilienmakler

unternehmerisches Risiko tragen. Das heißt, dass Sie erheblich schwankende Einkünfte haben werden, die nicht nur von Ihrem persönlichen Geschick und Ihrem Arbeitseinsatz abhängen sondern auch von der allgemeinen Marktlage und von mehr oder weniger zufälligen Entwicklungen. Auch mit diesen Unsicherheiten müssen Sie umgehen können, ohne dass Ihnen das den Schlaf raubt.

Darüber hinaus bringt die Selbständigkeit mit sich, dass Sie keine geregelten Arbeitszeiten haben werden und sich selbst organisieren müssen. Insgesamt müssen Sie sich eher auf längere Arbeitszeiten einstellen als kürzere. Allerdings können Sie dafür auch mit überdurchschnittlichen Verdienstchancen rechnen wenn Sie diszipliniert und geschickt sind.

2.3 Fachliche Qualifikation des Maklers

Für Ihren Erfolg als Immobilienmakler ist es aber nicht ausreichend, dass Sie eloquenten smalltalk beherrschen und eine extrovertierte Persönlichkeit sind. Mindestens genauso wichtig ist, dass Sie persönliche Integrität und fachliche Kompetenz ausstrahlen.

Wenn Menschen eine Immobilie an den Markt tragen, dann wollen sie das Gefühl haben, dass sie an einen vertrauenswürdigen und fachlich kompetenten Immobilienmakler geraten sind. Denn nur dann wird ein Verkäufer zu der Einschätzung gelangen, in guten Händen zu sein und seine Immobilie zu einem guten Preis verkaufen zu können. Hier kommt wieder Ihre Persönlichkeit ins Spiel.

Darüber hinaus kommt auch Ihre fachliche Kompetenz

in Spiel, die natürlich Auswirkungen auf Ihre Ausstrahlung und Ihr Auftreten hat. Wenn der Immobilienverkäufer das Gefühl hat, dass Sie zwar ein sehr kommunikativer und freundlicher Mensch sind, aber sehr unsicher wirken wenn es um fachliche Fragestellungen geht, dann wird er sich gut überlegen ob er Ihnen wirklich seine Immobilie anvertraut. Insbesondere bei einer schwierigen Marktlage mit einem starken Überhang an Immobilieninteressenten und wenigen Angeboten wie wir sie derzeit haben, wird die Schlacht um den Erfolg an der Front der Akquisition von Immobilienverkäufern geschlagen.

Es ist fatal, wenn es Ihnen nicht gelingt, Immobilienverkäufer davon zu überzeugen, dass Sie auch in fachlicher Hinsicht der richtige Immobilienmakler sind. Denn wenn Sie an dieser Front versagen, dann werden Sie an der Vermarktungsfront ebenfalls versagen, weil Sie keine Objekte zu vermitteln haben, für die Sie Käufer finden könnten.

Daher halte ich es für unverzichtbar, dass Sie sich als Immobilienmakler auch fachlich wappnen. Insbesondere müssen Sie sich darauf einstellen, dass sich die Erwartungshaltung der Kunden (insbesondere der Immobilienverkäufer) durch die erheblich größere Markttransparenz - z.B. aufgrund des Internets - stark verändert hat. Kunden erwarten heutzutage von Immobilienmaklern auch Antworten zu Fragen der Wertermittlung und zu steuerrechtlichen Fragen bei Immobilienverkäufen. Wenn Sie sich bei diesen Fragen eines potentiellen Immobilienverkäufers nicht sattelfest fühlen, dann wird Ihr Gesprächspartner das bemerken und Ihnen den Auftrag im Zweifel nicht erteilen.

Ich erzähle Ihnen das an dieser Stelle, um Sie dafür zu

sensibilisieren, dass die Bedeutung der fachlichen Kompetenz für die Wahrnehmung eines Immobilienmaklers im Markt häufig unterschätzt wird. Zwar ist es richtig, dass Sie als Immobilienmakler keine fachlichen Qualifikationen nachweisen müssen, um die Erlaubnis des Gewerbeaufsichtsamtes zu erhalten, diesen Beruf auszuüben.[1] Wenn aber potentielle Immobilienverkäufer diese Anforderung an Sie stellen und die anderen Immobilienmakler diese Anforderungen erfüllen, dann wird das unweigerlich zu einem Stolperstein für Ihren Erfolg werden.

Als Erkenntnis sollten Sie mitnehmen, dass eine starke kommunikative Persönlichkeit eines Immobilienmaklers ihren Feinschliff und ihre Vollendung durch zusätzliche fachliche Kompetenz erfährt. Auch aus diesem Grunde ist es gut investierte Zeit für Ihren künftigen Erfolg, Fachkenntnisse aufzubauen.

2.4 Marktanalyse und Verdienstchancen

Eine sehr wichtige Weichenstellung für Ihren Erfolg als Immobilienmakler ist die Festlegung, auf welchen Markt Sie sich konzentrieren wollen. Dabei spielen natürlich der Umsatz an Immobilien in einem bestimmten Marktsegment, die Art der Immobilien und die Konkurrenzsituation eine erhebliche Rolle.

Es dürfte sofort einleuchten, dass der Umsatz an Immobilien in Städten wie Köln, Düsseldorf, Hamburg oder

---

[1] Wegen der Einzelheiten zur Erlaubnis des Gewerbeaufsichtsamts verweise ich auf die Ausführungen weiter unten im Kapitel 3.

München ganz anders aussieht als in Städten wie Castrop-Rauxel oder Borken. Vor Ihrer Entscheidung, in welchem Markt Sie tätig werden wollen und wie Sie das tun wollen, müssen Sie sich daher gründlich über den Markt informieren und eine Analyse der Marktsituation vornehmen.

Darüber hinaus ist der Immobilienmarkt ständig im Fluss. Es gibt wirtschaftliche und politische Großwetterlagen, in denen der Immobilienmarkt starke Umsätze verzeichnet und es gibt Zeiten, in denen der Markt nahezu eingefroren ist. Das hängt natürlich mit staatlichen Subventionen und auch mit Renditechancen am Kapitalmarkt zusammen, die mit alternativen Investitionen erzielt werden können.

All diese Rahmenbedingungen haben eine Auswirkung auf die Nachfrage und das Angebot am Immobilienmarkt und damit auch auf die Verdienstchancen von Immobilienmaklern. Bei wenig Aktivität am Immobilienmarkt gibt es für Immobilienmakler auch weniger Provisionen zu verdienen.

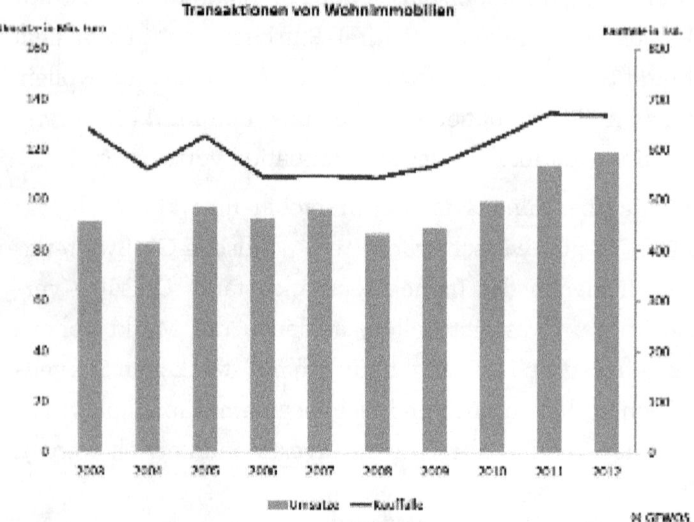

Quelle: GEWOS Institut für Stadt-, Regional- und Wohnforschung GmbH, Hamburg

In den Jahren 2010 bis 2014 gab es einen signifikanten Anstieg der Umsätze am Wohnimmobilienmarkt in Deutschland. Die nachfolgende Graphik weist die Gesamtumsätze in den Jahren 2003 bis 2012 und die Transaktionszahlen (Anzahl von Immobilienverkäufen) für die diesen Zeitraum aus.

Daraus können Sie ersehen, dass es sowohl beim Umsatzvolumen als auch bei der Anzahl der Transaktionen seit dem Jahr 2009 einen relativ deutlich ausgeprägten Aufwärtstrend gibt. Allerdings ist der Immobilienumsatz in Deutschland regional sehr unterschiedlich verteilt.

Die nachfolgende Karte stellt die Verteilung des gesamten Immobilienumsatzes in Deutschland in 2012 dar.

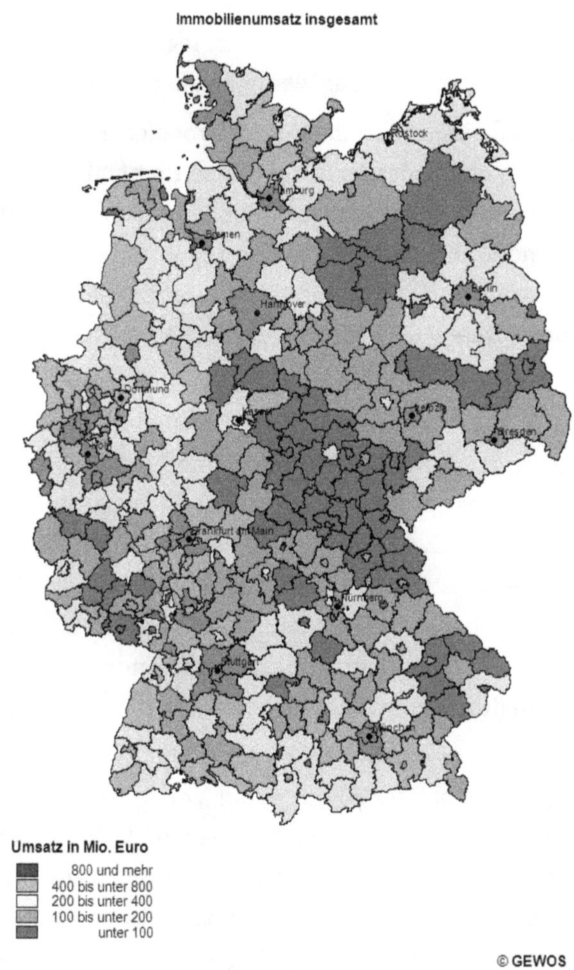

Quelle: GEWOS Institut für Stadt-, Regional- und Wohnforschung GmbH, Hamburg

An dieser Karte können Sie sehr schön ablesen, dass der Immobilienumsatz in großstädtisch geprägten Regionen deutlich höher ist als in ländlich geprägten und dünn besiedelten Regionen. Das ist eine wichtige Information für Ihre Entscheidung, in welchem regionalen Markt Sie als Immobilienmakler tätig werden wollen.

Die derzeitige Marktlage in Metropolen ist von einem starken Überhang der Nachfrage nach Immobilien über das tatsächliche Angebot geprägt. Das hängt stark mit der Finanz- und Währungskrise in Europa zusammen, die massive Angst vor Inflation oder gar vor dem Zusammenbruch der europäischen Gemeinschaftswährung geschürt hat.

Hinzu kommt der Umstand, dass die Zinsen für alternative Geldanlagen historisch niedrig sind und daher viele Anleger versuchen, durch Investitionen in Immobilien sowohl eine Absicherung in Form von Sachwerten als auch eine Aufbesserung der Rendite zu erzielen. Das Spiegelbild dieses Trends ist, dass die Eigentümer von Immobilien diese derzeit lieber selbst behalten als zu verkaufen. Diese gesamtwirtschaftliche Situation ist ein für Immobilienmakler außerordentlich schwieriges Umfeld.

Daher ist es für Sie als Immobilienmakler derzeit immens wichtig, bei der Akquise von Verkaufsaufträgen von Eigentümern zum Zuge zu kommen und sich gegen die zahlreich vertretene Konkurrenz durchzusetzen. Leichtes Spiel haben Makler hingegen derzeit bei der Suche nach Käufern, vorausgesetzt es handelt es um eine *o.k. - Immobilie* zu einem *o.k. - Preis*. Die oben beschriebenen Faktoren führen darüber hinaus dazu, dass viele Immobilien an den Markt getragen werden, die unter normalen Marktbedingungen unverkäuflich wären weil sie zu viele Nachteile aufweisen. Die Vermarktung von solchen Objekten ist allerdings für einen Immobilienmakler undankbare Schwerstarbeit, die selten zu einem Verkaufsabschluss führt. Daher ist es für Sie wichtig, die Verkäufer von guten Immobilien für sich als Kunden zu gewinnen.

In kleineren und mittelgroßen Städten stellt sich die Situation zwar etwas weniger angespannt dar. Allerdings schwappen die oben beschriebenen Trends der Großstädte zunehmend auch auf solche Städte über, so dass auch hier die Konkurrenzsituation der Immobilienmakler um Objekte und verkaufswillige Immobilieneigentümer an Schärfe zunimmt.

Umso wichtiger ist es, dass Sie sich von anderen Immobilienmaklern abheben und versuchen, sich durch besondere Merkmale (z.B. hervorragende fachliche Kompetenz) interessanter und attraktiver zu machen. Das gilt insbesondere in schwierigen und stark umkämpften Märkten (z.B. Metropolen wie Köln, München, Hamburg oder Düsseldorf).

2.5 Betriebsorganisation

Ein wichtiges Thema ist die Organisation Ihrer Arbeit. Als selbständiger Immobilienmakler tragen Sie selbst die Verantwortung für die Organisation der Arbeitsabläufe und dafür, dass Sie Ihre eigene Arbeitskraft möglichst effizient und gewinnbringend einsetzen.

Sie werden mir sicherlich zustimmen, dass Ihre Zielsetzung darin besteht, möglichst viele und möglichst hohe Provisionen zu verdienen und möglichst zufriedene Kunden zu haben, die Sie weiterempfehlen. Eine Antwort auf die Frage, wie Sie dieses Ziel am besten erreichen können, drängt sich weniger offensichtlich auf. Dazu sind tiefer gehende Überlegungen anzustellen.

Wenn Sie Ihre Tätigkeit als selbständiger Immobilienmakler noch nicht lange ausüben oder noch in der Existenzgründungsphase sind, dann wird es für Sie in aller Regel nicht sinnvoll sein, Mitarbeiter auf Vollzeitbasis einzustellen. Allenfalls könnten Sie über geringfügige Beschäftigung auf der Basis eines 450 € - Jobs nachdenken.[2] Ein solches geringfügiges Beschäftigungsverhältnis ist für den Arbeitnehmer sozialversicherungsfrei mit Ausnahme einer geringfügigen Beteiligung an den Kosten der Rentenversicherungspflicht sofern keine Befreiung davon vorliegt. Bitte bedenken Sie, dass Sie bei geringfügiger Beschäftigung als Arbeitgeber den vollen Satz der Lohnnebenkosten zahlen müssen und nicht nur die Hälfte. Die vom Arbeitgeber zu tragenden Beitragssätze liegen derzeit bei 13 % bei der gesetzlichen Krankenversicherung (§ 249b Satz 1 SGB V) und bei 15 % für die gesetzliche Rentenversicherung (§ 172 Abs. 3 SGB VI). Wie Sie sehen, wird es unter dem Strich also deutlich teurer als € 450 pro Monat. Als Alternative zur Festanstellung ist auch die Heranziehung freier Mitarbeiter auf Provisionsbasis vorstellbar und in der Immobilienmaklerbranche durchaus verbreitet.

Bevor Sie jedoch über die Anstellung von Mitarbeitern nachdenken, sollten Sie (unabhängig von den damit verbundenen Kosten) Klarheit gewonnen haben über die Or-

---

[2] Die Grenze bei geringfügig entlohnter Beschäftigung wurde in Deutschland zum 1.1.2013 von € 400 auf € 450 angehoben.

ganisation Ihres Maklerbüros und über die zu verrichtenden Tätigkeiten, die Sie Ihrem Ziel näherbringen sollen, möglichst viele und hohe Provisionen zu verdienen.

Wenn Sie selbst noch nicht wissen, welche Tätigkeiten Sie entfalten müssen oder sollen, so werden Ihnen Mitarbeiter dabei auch nicht weiterhelfen. Sie sollten daher zunächst gründliche Überlegungen darüber anstellen, wie Sie Ihre eigene Arbeitskraft am sinnvollsten und am effizientesten einsetzen können bevor Sie über die Anstellung von Mitarbeitern nachdenken.

In einem weiteren Gedankenschritt können Sie dann darüber nachdenken, welche Aufgaben Sie an Mitarbeiter delegieren können und sollen. Dabei kann es hilfreich sein, zwischen regelmäßig wiederkehrenden Tätigkeiten zu differenzieren und zwischen einmalig oder nur hin- und wieder anfallenden Tätigkeiten. Darüber hinaus ist zwischen Tätigkeiten mit Außenwirkung und rein internen Tätigkeiten zu unterscheiden. Die Tätigkeiten mit Außenwirkung sollten Sie lieber selbst in die Hand nehmen weil die Repräsentation eines Unternehmens Chefsache ist. Die Buchhaltung hingegen als rein interne Tätigkeit würde sich für eine Delegation auf einen Mitarbeiter eignen.

Keinesfalls hingegen können Sie das für Ihren Erfolg wichtige Networking zur Akquisition von zu verkaufenden Immobilien auf Mitarbeiter delegieren. In diesem Zusammenhang ist auch erforderlich, dass Sie Ihr Freizeitverhalten und Ihre Freizeitplanung in die Überlegungen mit einbeziehen. Dabei werden Sie feststellen, dass es mehr Überschneidungen mit Ihrer beruflichen Sphäre als Immobilienmakler gibt als Sie zunächst gedacht haben. Zum Beispiel hat Ihre Mitgliedschaft im örtlichen Tennisclub oder Reiterverein über den Erholungs- und Freizeitwert hinaus auch eine Bedeutung als mögliches Feld für die Gewinnung von Kunden. Wenn Sie selbständiger Immobilienmakler sind, sollten Ihre Vereinsfreunde das auch wissen damit sie sich im Falle des Falles vertrauensvoll an Sie wenden oder sie weiterempfehlen können.

Sie können darüber hinaus auch in Erwägung ziehen, in Ihrem Vereinslokal einen Fachvortrag zu einem immobilienrelevanten Thema zu halten. Sie werden bei darauf gerichteten Sondierungsgesprächen wahrscheinlich relativ schnell und vielleicht auch ein wenig erstaunt feststellen, wie omnipräsent das Thema „Immobilien" ist und wie viele offene Türen Sie einrennen wenn Sie den Leuten mit Fachwissen und Informationen dazu dienen können.

Ich habe diese Erfahrung selbst gemacht. Ich wurde von Vereinsvorständen gebeten, zu diesem Thema einen Vortrag im Vereinslokal zu halten. Solche Vorträge sind eine gute Gelegenheit, neue Kunden zu gewinnen. Darüber hinaus sind sie auch geeignet, Ihren Ruf als vertrauenswürdiger und kompetenter Marktteilnehmer aufzubauen. Insofern sollten Sie sich selbst keine Denkverbote auferlegen sondern auch in diese Richtung nachdenken. Es versteht sich von selbst, dass Sie solche Tätigkeiten keinesfalls auf Mitarbeiter delegieren können.

2.6 Franchisemodell oder Eigenregie?

Es gibt am Markt größere Maklerbüroketten, die als Franchise-Modell organisiert sind (z.B. Engel & Völkers). Als Existenzgründer werden Sie sich die Frage stellen, ob es einen Vorteil bringt, sich in ein solches Franchise-Modell einzukaufen. Franchise – Modelle haben Vorteile und Nachteile.

Ein Vorteil ist, dass Sie sich als Neuankömmling im Markt auf einen etablierten Markennamen und den Bekanntheitsgrad eines etablierten Unternehmens stützen können. Darüber hinaus können Sie von der laufend entfalteten Öffentlichkeitsarbeit der Franchisezentrale profitieren. Schließlich erhalten Sie häufig vorgefertigtes Werbematerial und (nicht zu unterschätzen) eine Kommunikationsplattform über die Internetpräsenz der Franchise-Zentrale mit erheblicher Kundenfrequenz. Das eröffnet Ihnen auch als Einsteiger die Chance, von diesem Kundenstrom auf den Internetseiten des Franchise-Unternehmens ohne große eigene Bemühungen etwas für sich abzuzweigen und so Kunden zu gewinnen.

Allerdings ist bei etablierten Franchise-Unternehmen damit zu rechnen, dass die lukrativsten Standorte und Märkte bereits besetzt sind. Selbstverständlich wird der Franchise-Geber darauf achten, dass sich Franchise-Nehmer in einem bestimmten lokalen Marktsegment nicht gegenseitig Konkurrenz machen. Als Neueinsteiger werden Sie daher in der Regel zunächst an Standorten operieren müssen, die weniger Ertragschancen eröffnen als andere.

Darüber hinaus müssen Sie in aller Regel einen Eintrittspreis bezahlen, der einen zweistelligen Tausend-Euro-Betrag betragen kann. Schließlich müssen Sie als laufende Gebühr für die Teilnahme am Franchise-System einen weiteren fixen Geldbetrag pro Monat oder einen bestimmten Prozentsatz Ihres Umsatzes zahlen.

Ein weiterer Nachteil besteht darin, dass Sie nicht mehr so flexibel sind wie bei einer Gründung eines Maklerbüros in Eigenregie. Der Standort, die Einrichtung Ihres Geschäftslokals und die Gestaltung Ihrer Internetpräsenz und der Geschäftskorrespondenz sind vorgegeben.

Schließlich ist auch zu bedenken, dass Sie nicht nur von den Vorteilen der etablierten Marke profitieren sondern auch die Auswirkungen von außergewöhnlichen Ereignissen mit Skandalpotential in einer Niederlassung des Franchise-Unternehmens zu spüren bekommen und mit ausbaden müssen. Wenn z.B. ein Teilnehmer des Franchise-Modells in einer anderen Stadt wegen Betruges strafrechtlich verurteilt wird, weil Kunden in großem Stil über die Werthaltigkeit von Immobilien getäuscht worden sind, dann kann es passieren, dass Sie als Immobilienmakler mit dem gleichen Markennamen des Franchise-Modells aufgrund von Presseberichterstattung über den Vorfall in „Sippenhaft" genommen werden und in der Wahrnehmung (potentieller) Kunden ebenfalls unter kritischer Beobachtung stehen.

Entscheidend dürfte auch sein, welcher Standtort in einem Franchise-Unternehmen verfügbar ist. Es macht natürlich wenig Sinn, in eine Kleinstadt am anderen Ende der Republik umzuziehen, um dort einen freien Standtort in einem Franchise – Unternehmen zu besetzen, wenn man zu diesem Ort keinen Bezug hat. Wenn allerdings in der Nähe des Wohnortes ein attraktiver Standort angeboten wird mit einem günstigen Marktumfeld, dann sieht die Bewertung natürlich ganz anders aus.

Die Entscheidung für oder gegen eine Teilnahme an einem Franchise-Modell ist eine schwierige Abwägung, die nur jeder für sich allein treffen kann.

2.7 IT-Infrastruktur für das Maklergeschäft

Es wird Sie nicht überraschen, dass der Computer Ihr wichtigstes Arbeitsmittel als Immobilienmakler darstellt. Der Computer ist unverzichtbares und universelles Kommunikationsmittel mit der Außenwelt. Darüber hinaus ist er Ihr Archiv und Kalender.

Für den Email-Verkehr und die Kalenderverwaltung haben sich Programme etabliert wie z.B. Lotus Notes oder Microsoft Outlook. Sie ermöglichen eine effiziente Versendung und Verwaltung von E-mails und darüber hinaus die effiziente Verwaltung und Organisation von Terminen.

Allerdings benötigen Sie über diese Software hinaus weitere Programme, um Ihre Objekte und Kontakte zu erfassen und zu managen. Eine wichtige Frage ist die Auswahl der richtigen Software für die Bewältigung dieser Aufgaben. Das gängige Softwarepaket *Microsoft-Office* (WORD, EXCEL, POWER POINT, ACCESS und FRONT PAGE) ist sicherlich hilfreich für die ersten Schritte.

Allerdings sollten Sie auch über die Anschaffung von spezieller Software für das Maklerbüro nachdenken, um von Anfang an möglichst effizient zu arbeiten. Insbesondere sollten Sie stets wiederkehrende Prozesse in sinnvollem Umfang automatisieren. Dabei kann eine spezielle Software für Maklerbüros wertvolle Dienste leisten.

Die Software muss es ermöglichen, Daten über Objekte

zu erfassen und zu verarbeiten. Für die Erstellung eines professionell gestalteten Exposés ist es u. a. erforderlich, einen Grundriss der Immobilie einzuscannen und Fotos der Immobilie einzuarbeiten und optisch ansprechend zusammen mit den weiteren Daten der Immobilie aufzubereiten.

Die Daten sollten dabei elektronisch so erfasst werden, dass sie mit Suchfunktionen effizient durchforstet werden können ohne aufwändig in Papier zu blättern. Hilfreich ist dabei ein universelles Datenformat, das eine Weiterverarbeitung durch andere Programme und Datenbanken ermöglicht. Dabei wäre z.B. an eine Anbindung der Daten Ihres Maklerbüros an die bekanntesten Immobilienportale denkbar. Das Ziel muss sein, die Daten nur einmal erfassen zu müssen, um Arbeitsaufwand und Übertragungsfehler zu vermeiden. Zwar ist es möglich, all diese Aufgaben mit dem Softwarepaket *Microsoft-Office* zu bewerkstelligen. Allerdings sind dazu komplexe Arbeitsschritte erforderlich um diese Programme für Ihre Bedürfnisse nutzbar zu machen.

Mit ACCESS können Sie z.B. eine Datenbank für die Erfassung von Angeboten programmieren. Allerdings ist das Programm nicht selbsterklärend. Sie benötigen vertiefte Kenntnisse, um damit wirklich arbeiten zu können. Der professionelle Umgang mit EXCEL erfordert ebenfalls eine vertiefte Auseinandersetzung mit der Software und eine konkrete Anpassung für die speziellen Bedürfnisse eines Maklerbüros. Wenn Sie sich diese Mühe sparen wollen, können Sie zu einer speziellen Immobilienmaklersoftware greifen. Insbesondere hat eine solche Lösung den Vorteil, dass die spezielle Software bereits alle wünschenswerten Funktionen enthält, die Ihre Arbeit als Makler sinnvoll unterstützen. Selbst wenn Sie nicht alle Funktionen dieser Spezialsoftware von Anfang an nutzen, so ist es doch sehr wahrscheinlich, dass Sie diese im Laufe der Zeit entdecken und schätzen lernen werden.

Jetzt werden Sie wissen wollen, welche Anbieter spezieller Software für Maklerbüros es gibt und welche Produkte am Markt angeboten werden. Die drei gängigsten Anbieter von Softwarelösungen finden im Folgenden mit einem link zur Internetseite aufgelistet:

- FlowFact AG[3]
- Immowelt AG[4]
- LAGLER Spezial-Software GmbH[5]

Bei diesen Anbietern können Sie Testversionen herunterladen, um die Software für einen begrenzten Zeitraum kostenlos und unverbindlich ausprobieren zu können. Das sollten Sie auch tun bevor Sie sich für einen Anbieter entscheiden.

2.8 Objektakquisition und Beschaffungsmarketing

Eine der wichtigsten Baustellen für einen Immobilienmakler stellt die Objektakquisition dar. Wenn Sie keine Objekte im Bestand haben, dann werden Sie auch an der Vertriebsfront nicht erfolgreich sein können. Denn ohne Ob-

---

[3] http://directhappy.flowfact.de/?gclid=CIK2qrrP_7kCFTMctAod3REASw

[4] http://www.online-immobilien-software.de/landingpage.xhtml

[5] http://www.lagler.de

jekte können auch keine Käufer von Objekten gefunden werden.

Ihr Hauptaugenmerk sollte daher auf die Akquisition von Objekten gerichtet sein. Dabei ist jedoch wichtig, dass Sie die richtigen Objekte akquirieren und nicht irgendwelche. Qualität ist hier wichtiger als Quantität. Denn viele schlechte Objekte im Bestand machen viel Arbeit und bringen gleichwohl wenige Kaufvertragsabschlüsse und damit wenig Ertrag.

2.8.1 Objektqualität des Vermittlungsbestandes

Mit dem Begriff ***Qualität*** ist in diesem Zusammenhang nicht gemeint, dass nur Luxusimmobilien mit hochwertigster Ausstattung für den Bestand angestrebt werden sollen. Gemeint ist vielmehr ein vernünftiges Verhältnis des Angebotspreises zur Qualität der Immobilie und zur Nachfragesituation am Markt. Der Kernbestand des erfolgreichen Immobilienmaklers sollte aus o.k. – Immobilien zu o.k. – Preisen bestehen um eine kontinuierliche Vermittlung von Vertragsabschlüssen und Provisionseinnahmen sicherzustellen.

Praktisch bedeutet das, dass es z.B. nicht sinnvoll ist, Immobilien im Vermittlungsbestand zu haben, bei denen der Verkäufer völlig überzogene Verkaufspreisvorstellungen hat, die mit an Sicherheit grenzender Wahrscheinlichkeit am Markt nicht erzielbar sind. Hintergrund ist bei solchen Verkäufern häufig, dass der Verkäufer beim Erwerb der Immobilie selbst einen überhöhten Preis bezahlt hat und daher auf keinen Fall unter diesem Preis verkaufen will. Mit solchen Immobilien im Bestand werden Sie in aller Regel nicht viel Freude haben sondern oft sogar im Keim angelegtes Konfliktpotential mit dem Verkäufer. Denn beratungsresistente Verkäufer mit unrealistischen Verkaufspreisvorstellungen werden eher geneigt sein, Ihnen als Immobilienmakler die Schuld zu geben, wenn es nicht zu einem Vertragsabschluss kommt. Dann sind Sie als Immobilienmakler sogar doppelt geschädigt: Zum einen haben Sie vergebliche Verkaufsbemühungen entfaltet und keine Provision verdient. Zum Zweiten wird ihr Name im Markt durch negative Äußerungen eines unzufriedenen Kunden beschädigt. Unterschätzen Sie nicht die nachteiligen Auswirkungen der Klagen eines unzufriedenen Kunden über Sie. Diese Zusammenhänge sollten Ihnen auch deutlich machen, wie wichtig für Sie als Immobilienmakler Fachkenntnisse und Expertise sind, um z.B. den Wert einer Immobilie und den erzielbare Kaufpreise richtig einschätzen zu können. Denn nur dann werden Sie erkennen, ob ein Verkäufer überzogene Preisvorstellungen hat. Dazu erfahren Sie an anderer Stelle mehr.[6]

Wichtig ist darüber hinaus, dass Sie bei der Objektakquisition mit dem Verkäufer Vereinbarungen treffen, die Ihrem Erfolg als Immobilienmakler möglichst förderlich sind. Das bedeutet, dass Sie mit dem Verkäufer möglichst einen **qualifizierten Alleinauftrag** zur Vermarktung der Immobilie vereinbaren sollten. Die Einzelheiten zum Thema Alleinauftrag dazu finden Sie an anderer Stelle in diesem Praxisleitfaden.[7]

---

[6] Siehe Abschnitt 4.3.
[7] Siehe Abschnitt 3.2.3

2.8.2 Akquisition des Vermittlungsbestandes

Nachdem Sie nun erfahren haben, welche Objekte im Vermittlungsbestand Sie anstreben sollten, stellen Sie sich natürlich die Frage wie Sie an solche Objekte herankommen können. Damit wenden wir uns einer der wichtigsten und entscheidenden Fragen für den Erfolg eines Immobilienmaklers zu, denn die Schlacht um den Erfolg oder Misserfolg wird genau an dieser Front ausgetragen.

Aus meiner Beratungspraxis weiß ich, dass es zahlreiche Immobilienmakler gibt, die enthusiastisch mit der Existenzgründung begonnen und innerhalb kürzester Zeit ein perfekt organisiertes Maklerbüro auf die Beine gestellt haben und gleichwohl gescheitert sind. Die häufigste Ursache für das Scheitern war, dass sie an der Front der Objektakquisition nicht erfolgreich waren. Das hängt in vielen Fällen sicherlich mit der Persönlichkeit des Immobilienmaklers zusammen. Häufig sind es aber auch handwerkliche Fehler bei der Durchführung von Akquisitionsmaßnahmen und falsche Schwerpunktsetzung bei der Organisation der Arbeit.

Im Folgenden stelle ich Ihnen die verschiedenen Ansätze und Strategien zur Akquisition von Objekten vor. Ich werde dabei insbesondere auf typische Fehler eingehen, die Immobilienmakler dabei machen.

2.8.3 Objektsuchanzeigen

Ein Ansatz zur Akquisition sind Objektsuchanzeigen in Printmedien oder im Internet. Bei diesen Suchanzeigen ist es wichtig, sich vorab über die Zielgruppe Gedanken zu machen. Je zielgenauer eine Suchanzeige formuliert ist, desto eher wird sie die Aufmerksamkeit eines geeigneten Adressaten erregen und zu einer gewünschten Reaktion (Kontaktaufnahme mit dem Makler) führen.

Wenig hilfreich wäre z.B. die folgende Formulierung einer Objektsuchanzeige:

Immobilien aller Art dringend gesucht! Bitte melden Sie sich!

Maklerhaus Glanzlos & Beliebig
Gerd Glanzlos
Planlosgasse 13
44575 Castrop-Rauxel
Tel. xy

Mit einer solchen Anzeige werden Sie mit an Sicherheit grenzender Wahrscheinlichkeit keine positiven Rückmeldungen bekommen und keine neuen Objekte akquirieren.

Das Problem bei dieser Anzeige ist, dass sie zu allgemein gehalten ist und eher verzweifelt wirkt als souverän. Insbesondere wird ein Leser einer solchen Anzeige, der eine Immobilie verkaufen will, bei dieser Wortwahl das schlechte Gefühl haben, dass er nicht individuell gesucht wird sondern nur eine austauschbare „Ware“ ist, die dem Makler gerade auszugehen droht. Die mangelnde Fokussierung führt dazu, dass sich niemand richtig angesprochen fühlt.

Insbesondere enthält dieser Text zwischen den Zeilen noch die negative Botschaft, dass der Objekte suchende Makler nicht spezialisiert ist und nicht planmäßig vorgeht sondern wahllos seine Netze auswirft.

Das Wort „*dringend*" indiziert zudem eine gewisse Verzweiflung des Maklers, die ihn noch weniger geeignet erscheinen lässt für die Vermarktung einer Immobilie. Denn wer verzweifelt ist, hat nach Auffassung eines Durchschnittskunden offenbar bisher keinen guten Job gemacht, denn sonst hätte er genug Kunden und wäre nicht verzweifelt.

Schauen wir uns nun einen m. E. deutlich gelungeneren Text einer Objektsuchanzeige an:

> *Wir sind ein spezialisiertes Fachmaklerunternehmen und vermarkten seit mehr als 25 Jahren erfolgreich Denkmalschutzimmobilien.*
>
> *Wenn Sie Eigentümer einer* **Denkmalschutzimmobilie** *sind, dann würden wir Sie und Ihre Immobilie gerne kennen lernen, um Ihnen beim Verkauf behilflich zu sein.*
>
> ***Maklerhaus Erfolgreich & Edel***
> *Dr. Adelbert Erfolgreich*
> *Diamantenallee 100*
> *40210 Düsseldorf*
>
> www.erfolgreichundedel.de

Wenn wir nun die Wirkung dieser Objektsuchanzeige analysieren, so stellen wir fest, dass hier sehr gezielt nach bestimmten Immobilien gesucht wird. Der Eigentümer einer Denkmalschutzimmobilie wird sich sehr individuell angesprochen fühlen. Mit der fokussierten Suche unterstreicht der Makler zudem sehr deutlich, dass er spezialisiert ist, was wiederum die Ausstrahlung von Kompetenz und Erfahrung suggeriert. Ein verkaufswilliger Eigentümer einer Denkmalschutzimmobilie wird sich mit hoher Wahrscheinlichkeit auf eine solche Anzeige melden.

Der Nachteil einer fokussierten Suche hingegen ist, dass aufgrund der zielgenauen und speziellen Fokussierung viele Objekte aus dem Suchfokus herausfallen. Allerdings dürften bei Lichte betrachtet die Vorteile einer Fokussierung überwiegen. Ich empfehle Ihnen daher: Bei Objektsuchanzeigen sollte so fokussiert wie möglich formuliert werden. Ich haben mit diesen beiden Beispielen bewusst zwei Extreme auf der Bandbreite der möglichen Formulierung einer Objektsuchanzeige herausgegriffen. Ziel dieser Übung ist, Sie für die entscheidenden Aspekte der Formulierung von Suchanzeigen und für die dahinter stehende Suchstrategie zu sensibilisieren. Die Zielgruppe sollte so zielgenau wie möglich angesprochen werden.

Darüber hinaus muss bedacht werden, dass die Objektsuchanzeige nicht nur der konkreten Akquisition von Objekten dient sondern auch ein Aushängeschild des Unternehmens ist und damit ein wichtiger Baustein der gesamten Business- und Marketingstrategie, die natürlich darauf ausgerichtet sein sollte, das Immobilienmaklerbüro am Markt bekannt zu machen und ein positives Image aufzubauen. Bei der Fokussierung ist es natürlich auch möglich und unter bestimmten Umständen sinnvoll, andere Aspekte ins Spiel zu bringen:

- Räumliche Fokussierung (z.B. Großraum München)
- Preisfokussierung (hochpreisig oder niedrigpreisig)
- Fokussierung auf bestimmte Baujahre (z.B. 30er Jahre oder Jahrhundertwende)

- Fokussierung unter Einbeziehung der objektsuchenden Kunden (z.B. „... Für ein sympathisches Medizinerehepaar suchen wir hochwertiges Einfamilienhaus in Düsseldorf Oberkassel...“)

Darüber hinaus ist es wichtig, so zu formulieren dass die Objektsuchanzeige hervorsticht aus der Masse und den potentiellen Kunden neugierig macht. Eine unkonventionelle Überschrift kann z.B. der Anlass sein, dass ein Kunde gerade Ihre Objektsuchanzeige gründlich liest und die anderen Anzeigen ignoriert.

„20 Jahre Teneriffa sind genug!“
meint unser Kunde. Deshalb suchen für ihn eine großzügige Villa in Berlin. Bevorzugt Prenzlauer Berg.

Maklerhaus Gefällig & Innovativ
Herr Ingo Innovativ
Freundlichkeitsgasse 20
10115 Berlin
www.maklerhaus-gefaellig-und-innovativ.de

Oberstes Gebot ist jedoch, dass alle von Ihnen platzierten Anzeigentexte stets seriös sein müssen und keine falschen Angaben enthalten sollten. Es wäre sehr schädlich, wenn der Immobilienverkäufer später feststellt, dass die gemachten Angaben über die Objektsuchenden falsch sind. Das gilt auch für die Fokussierungen. Sie müssen daher ernsthaft darüber nachdenken, welche Fokussierungen Sie tatsächlich anstreben. Es macht natürlich keinen Sinn, eine Fokussierung in den Texten von Objektsuchanzeigen vorzutäuschen die tatsächlich nicht besteht.

Besonders geschickt ist es, eine Objektsuchanzeige mit

dem Angebot von Objekten zu verbinden. Damit ist gemeint, dass Sie bei gut gestalteten und ins Auge springenden Anzeigen von Objekten aus Ihrem Vermittlungsbestand in Printmedien oder im Internet noch am Ende der Anzeige einen Hinweis anbringen, der z.B. lauten kann:

„... Wenn auch Sie einen Käufer für Ihre Immobilie suchen, sind wir gern behilflich. Kontaktieren Sie uns unverbindlich...“.

Der Vorteil einer solchen Objektsuchanzeige besteht nicht nur in der Einsparung von Kosten für die Platzierung von Anzeigen. Viel entscheidender ist, dass Sie durch die Kombination der Suchanzeige mit einem attraktiven und gut gestalteten Angebot im Anzeigentext keine Überzeugungsarbeit mehr leisten müssen, dass Sie ein guter Makler sind. Das attraktive und gut gestaltete Angebot ist der Beleg dafür, dass Sie ein guter Makler sein müssen, denn sonst würden Sie nicht derartig attraktive Immobilien überzeugend vermarkten.

Beim Betrachter der Anzeige wird ganz natürlich und ungezwungen diese Schlussfolgerung initiiert. Es gibt keine besseren Argumente als glaubwürdig dokumentierter Erfolg. Natürlich möchte ein Immobilienverkäufer einen erfolgreichen Makler engagieren und keinen erfolglosen, der keine Kontakte hat und nicht in der Lage ist, seine Immobilie zu einem guten Preis zu verkaufen.

Darüber hinaus werden Sie bei der Kombination von Objektanzeigen mit Suchanzeigen genau die richtige Klientel erreichen. Denn ein verkaufswilliger Immobilieneigentümer schaut sich natürlich Verkaufsangebote von ähnlichen Immobilien an, um einen Eindruck von der Marktlage und vom Preisniveau zu erhalten.

2.8.4 Networking als Akquisitionsstrategie

Da es Ihre Aufgabe als Immobilienmakler ist, Vertragsparteien zusammenzubringen, ist ***Networking*** für Sie das wichtigste Instrument der Objektakquisition. Networking können Sie sowohl in Ihrem beruflichen Umfeld als auch in Ihrem privaten Umfeld betreiben.

Mit dem beruflichen Umfeld sind damit die Berührungspunkte gemeint, die sich aus Ihrer beruflichen Sphäre ergeben (ehemalige Kunden, Lieferanten, Dienstleiter, Banken, Rechtsanwälte, Versicherungsvertreter, Steuerberater, Handwerker etc.). Mit dem privaten Umfeld sind Berührungspunkte gemeint, die sich ergeben aus Ihrer Mitgliedschaft oder Ihrem Engagement in einem Sportverein, einer Kirchengemeinde, bei der Volkshochschule, in der Klassenpflegschaft der Schule, die Ihre Kinder besuchen etc.

Diese nicht erschöpfende Aufzählung dürfte Ihnen vor Augen geführt haben, dass die möglichen Betätigungsfelder für den Aufbau und die Pflege von Kontakten nahezu unüberschaubar groß sind. Der Aufbau von Kontakten ist dabei ein wichtiger Baustein, Sie als Immobilienmakler bekannt (und hoffentlich geschätzt und geachtet) zu machen da sich aus persönlichen Kontakten sehr häufig Kundenaufträge ergeben.

Die Vermarktung einer Immobilie ist Vertrauenssache. Es geht um sehr viel Geld und jeder Immobilieneigentümer hat Angst, seine Immobilie unter Wert zu verkaufen. Der Immobilieneigentümer möchte daher bei einer solchen

Entscheidung lieber auf Erfahrungswerte von Freunden und Bekannten zurückgreifen als einen Makler zufällig und willkürlich aus den Gelben Seiten herauszufischen. Genau wie bei der Auswahl eines Zahnarztes oder Rechtsanwaltes fragt man bei solchen Entscheidungen zunächst im Freundeskreis herum, ob jemand einen bestimmten Zahnarzt oder Rechtsanwalt empfehlen kann. Wenn jemand aus Ihrem Freundes- und Bekanntenkreis eine solche Frage gestellt bekommt, wird er sich im Idealfall daran erinnern, dass er Sie als vertrauenswürdige und engagierte Person z.B. aus dem Reiterverein kennt und sich daher gut vorstellen kann, dass Sie als Immobilienmakler einen guten Job machen. Genau deshalb sind persönliche Kontakte für Ihren Erfolg als Immobilienmakler so wichtig. Das hängt auch damit zusammen, dass es ein verbreitetes Misstrauen gegen Immobilienmakler in der Bevölkerung gibt. Daher möchten sich die meisten Immobilieneigentümer lieber von einem Makler „verarzten" lassen, den sie persönlich kennen oder den zumindest ein Bekannter persönlich kennt.

Darüber hinaus ist ein stabiles und umfangreiches Netzwerk aus Bekannten und Freunden auch hilfreich, wenn es nicht direkt um die Akquise von Verkaufsobjekten geht sondern um Maßnahmen auf dem Weg dorthin. Wenn Sie z.B. den Direktor der örtlichen Volkshochschule persönlich kennen aus dem Reiterverein, weil Sie beide dort Mitglied sind, dann wird dieser Ihnen eher zuhören, wenn Sie ein Praxisseminar mit Bezug zu Immobilien bei der Volkshochschule durchführen wollen.

Denkbar wäre z.B., dass Sie einen Fachvortrag über die

Bewertung von Immobilien halten, um verkaufswilligen Immobilieneigentümern Orientierung zu geben, welchen Wert eine Immobilie hat. Sie werden verblüfft sein, wie nützlich Fachvorträge oder Seminarangebote sein können, um mit potentiellen Kunden in Kontakt zu kommen. Allerdings werden Sie auf diesem Terrain nur punkten können, wenn Sie auch inhaltlich etwas mitzuteilen haben. Wenn Sie bei einer solchen Gelegenheit fachlich unsicher rüberkommen und Antworten auf Fragen schuldig bleiben, dann liefern Sie dadurch eine schlechte Visitenkarte als Immobilienmakler ab.

Wie Sie sehen, spielt Ihre fachliche Kompetenz an allen wichtigen Fronten eine nicht zu unterschätzende Rolle. Ich komme auf das Thema der Bedeutung fachlicher Kompetenz für den Erfolg als Immobilienmakler an späterer Stelle noch detaillierter zu sprechen.[8]

Neuerdings gibt es im Internet zahlreiche Netzwerke, in denen man sich präsentieren und verlinken kann. Ich glaube zwar nicht, dass es schädlich ist dort vertreten zu sein. Allerdings bin ich davon überzeugt, dass Kontakte im wirklichen Leben viel tragfähiger sind und keinesfalls durch virtuelle Kontakte ersetzt werden können. Ich rate daher davon ab, zu viel Zeit für das virtuelle Networking zu verwenden. Bei nüchterner Betrachtung ist es häufig so, dass die virtuelle Kontaktpflege eher der Egopflege und dem Aufbau des eigenen Selbstbildes geschuldet ist. Genau hier liegt daher eine große Schwäche des virtuellen Networkings. Fragen Sie sich also sehr selbstkritisch, wie viele

---

[8] Siehe Kapitel 4.

stabile und gute Kontakte tatsächlich **durch** virtuelles Networking entstanden sind. Auch wenn die Werbung der Betreiber dieser virtuellen Netzwerkplattformen Ihnen etwas anderes vormachen will, werden Sie bei einer nüchternen Bestandsaufnahme wahrscheinlich feststellen, dass durch das virtuelle Networking nur sehr wenige echte Kontakte zustande gekommen sind.

Beim Networking sollten Sie nicht planlos vorgehen. Sie sollten eine langfristige Strategie entwickeln und diese auch nachhaltig verfolgen. Wenn Sie eine extrovertierte und kommunikationsstarke Persönlichkeit sind, dann werden Sie das Networking höchstwahrscheinlich auch nicht nur als lästige Pflicht empfinden und daher in Ihren Anstrengungen nicht erlahmen. Sie werden bei der Entwicklung einer Networking - Strategie natürlich schnell zu der Erkenntnis gelangen, dass gute Kontakte zu „Multiplikatoren" sehr hilfreich sein können. Unter diesen Begriff kann man sicherlich Journalisten fassen, die von Berufs wegen über Massenmedien und damit über die Möglichkeit verfügen, mit einer Botschaft oder Information sehr viele Menschen gleichzeitig zu erreichen.

Interessant sind aber auch Personen, die über einen herausragend guten Ruf verfügen und auf deren Meinung daher geachtet wird (z.B. Geschäftsführer angesehener Unternehmen, Vorsitzende von Sportvereinen, Fachbuchautoren, Lehrer etc.). Es liegt auf der Hand, dass eine Empfehlung solcher Personen mehr Überzeugungskraft für potentielle Kunden hat als Empfehlungen von Durchschnittsmenschen. Diesen Umstand macht sich auch die Werbeindustrie zu Nutze.

Besonders zielführend sind dabei Win-Win-Situationen für alle Beteiligten des Netzwerkes. Damit meine ich, dass Sie z.B. einen Steuerberater empfehlen, mit dem Sie zufrieden sind und diesen im Gegenzug bitten, Sie zu empfehlen, wenn er von Kunden nach einem Immobilienmakler gefragt wird. So hat keine Seite das schlechte Gefühl, ausgenutzt und instrumentalisiert zu werden und alle profitieren.

2.9 Spezialisierung oder Generalisierung?

Egal ob Sie Existenzgründer sind oder schon längere Zeit als Immobilienmakler tätig. Sie werden früher oder später mit der Frage konfrontiert werden, ob es eine gute Idee ist, sich auf die Vermittlung bestimmter Objekte zu spezialisieren.

Grundsätzlich hat eine Spezialisierung eines Immobilienmaklers den Vorteil, dass er sich dadurch von der Masse konturenloser *„Gemischtwarenläden“* abheben kann, die einfach das vermakeln, was gerade so reinkommt.

Für einen langfristigen und durchschlagenden Erfolg dürfte eine Spezialisierung fast unumgänglich sein. Da die Spezialisierung auf bestimmte Immobilien auch erhebliche Auswirkungen auf die gesamte strategische Aufstellung des Immobilienmaklers hat, ist es sinnvoll, sich dieser Frage möglichst frühzeitig zuzuwenden. Ein guter Ausgangspunkt für diese Überlegungen ist eine Betrachtung, welche verschiedenen Immobilientypen am Markt umgeschlagen werden und welche Besonderheiten es gibt. Daher möchte ich Ihnen im Folgenden einen Überblick zu diesem Thema

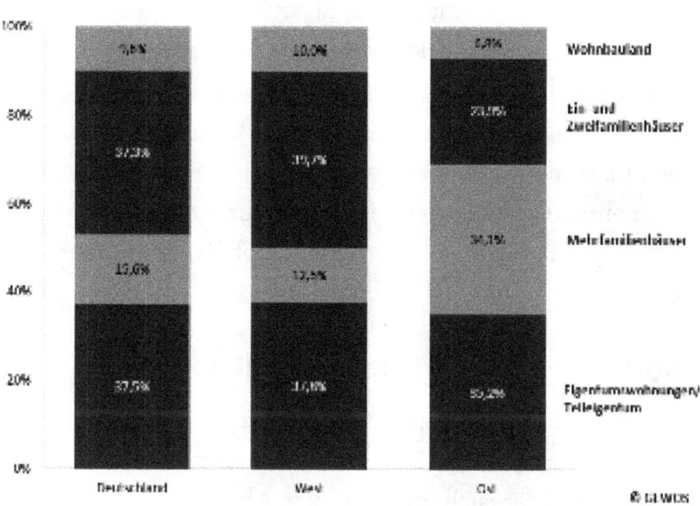

Quelle: GEWOS Institut für Stadt-, Regional- und Wohnforschung GmbH, Hamburg

geben.

Zu Beginn der Überlegungen ist es sinnvoll, einen Blick auf Zahlen zu werfen, um zu erkennen welches Potential es in welchem Marktsegment gibt. Die folgende Graphik weist die prozentuale Verteilung der verschiedenen Immobilientypen auf das gesamte Volumen von Wohnimmobilientransaktionen im Jahr 2012 aus.

Wie Sie aus diesen Zahlen auf den ersten Blick ersehen können, gibt es signifikante Unterschiede zwischen Ostdeutschland und Westdeutschland im Segment der Ein- und Zweifamilienhäuser und im Segment der Mehrfamilienhäuser.

In Ostdeutschland war der Umsatz von Mehrfamilienhäusern in 2012 deutlich stärker repräsentiert als der Umsatz von Ein- und Zweifamilienhäusern. Darüber hinaus fällt auf, dass der Anteil von Eigentumswohnung am gesamten Wohnimmobilienumsatz in 2012 sowohl in Ostdeutschland als auch in Westdeutschland nahezu den gleichen (recht hohen) Anteil von ca. 35 % ausmacht. In den nachfolgenden Darstellungen komme ich auf diese Zahlen noch einmal zurück, wenn ich Ihnen die einzelnen Spezialisierungsstrategien auf einzelne Immobilientypen vorstelle.

2.9.1 Ein- und Zweifamilienhäuser

Wenn Sie über eine Spezialisierung auf die Vermittlung von Ein- und Zweifamilienhäusern nachdenken, dann sollten Sie sich zunächst vor Augen führen, welche verschiedenen Typen Häuser es gibt.

Es gibt freistehende Ein- oder Zweifamilienhäuser, Doppelhaushälften und Reihenhäuser. Bei den freistehenden Ein- oder Zweifamilienhäusern wird ab einer gewissen Größe auch von einer Villa gesprochen. Es liegt auf der Hand, dass freistehende Ein- und Zweifamilienhäuser in aller Regel teurer und hochwertiger sind als Doppelhaushälften oder Reihenhäuser. Das hängt auch damit zusammen, dass freistehende Ein- oder Zweifamilienhäuser in Regel auf einem größeren Grundstück gebaut sind und daher über großzügigere Garten- und Hofflächen verfügen.

Man könnte auf die Idee kommen, dass es natürlich am lukrativsten ist, sich auf die Vermittlung von Villen und freistehende Einfamilienhäuser zu spezialisieren, weil dieser Immobilientyp die höchsten Preise am Markt erzielt und damit die höchsten Provisionen in absoluten Eurobeträgen. Allerdings wäre bei einer solchen Schlussfolgerung noch nicht berücksichtigt, wie die Verteilung des Umsatzes von Immobilien in einem lokalen oder regionalen Immobilienmarkt auf bestimmte Immobilientypen aussieht.

In großstädtischen Ballungsräumen z.B. kann sich kein normaler Mensch ein freistehendes Einfamilienhaus oder eine Villa leisten, so dass in solchen Teilmärkten der überwältigende Anteil des Immobilienumsatzes aus Eigentumswohnungen besteht. Durch eine Spezialisierung auf Villen und freistehende Einfamilienhäuser würden Sie sich daher in einem solchen Teilmarkt auf ein sehr kleines und extrem hochpreisiges Segment des Gesamtmarktes beschränken.

Wenn Sie hingegen in einer eher dünn besiedelten Region als Immobilienmakler tätig sind, so spricht vieles dafür, dass die Fokussierung auf Ein- und Zweifamilienhäuser eine gute Strategie ist, weil hier der prozentuale Anteil am Gesamtimmobilienumsatz sehr viel größer sein dürfte als in großstädtisch geprägten Ballungsräumen. Aus der oben unter Abschnitt 2.9 vorgestellten graphischen Darstellung des Anteils von Ein- und Zweifamilienhäusern am gesamten Wohnimmobilienumsatz in 2012 können Sie zudem ablesen, dass der Anteil in Westdeutschland mit 40,2 % deutlich höher war in Ostdeutschland mit 24,5 %.[9] Daraus können Sie für sich die Erkenntnis gewinnen, dass Sie bei einer globalen Betrachtung in Westdeutschland mit der Fokussierung auf diesen Immobilientyp ein größeres Marktsegment abgreifen können. Damit haben Sie ein wei-

---

[9] Ich verweise insoweit auf die oben unter 2.9 vorgestellt Graphik.

teres gutes Argument für eine Fokussierung auf diesen Immobilientyp gewonnen wenn Sie in diesem Teilmarkt in Westdeutschland tätig sind oder tätig werden wollen.

Schließlich stellt sich die Frage, welche Besonderheiten bei der Akquise von Ein- und Zweifamilienhäusern für den Vermittlungsbestand zu beachten sind. Die oben dargestellten Grundsätze für die erfolgreiche Akquise von Immobilien haben natürlich auch hier Gültigkeit. Eine Besonderheit von Ein- und Zweifamilienhäusern besteht darin, dass sie häufiger als andere Immobilientypen für die Eigennutzung von Familien erworben werden und seltener als Renditeobjekt zur Vermietung. Zu dieser Beobachtung passt, dass der Verkauf solcher Objekte häufig mit einer Veränderung der Lebensplanung und der Lebenssituation von Familien zusammenfällt. Scheidungsfälle oder Todesfälle sind häufig Anlass für den Verkauf eines Ein- oder Zweifamilienhauses. Ebenfalls traurige Anlässe für den Verkauf solcher Immobilien sind wirtschaftliche Überforderung der Eigentümer infolge falscher Einschätzung der eigenen Finanzkraft oder infolge von Arbeitslosigkeit oder Krankheit.

Aus diesen Erkenntnissen folgt, dass z.B. Schuldnerberater und Rechtsanwälte für Familien- und Arbeitsrecht für einen Immobilienmakler wichtige Multiplikatoren sein können, um Kontakte zu verkaufswilligen Eigentümern von Ein- und Zweifamilienhäusern herzustellen. Das sollten Sie bei der Networking – Strategie bedenken wenn Sie sich auf die Vermittlung von Ein- und Zweifamilienhäusern spezialisieren wollen.

2.9.2 Bauträgerobjekte

Ein besonderes Geschäftsfeld stellt die Tätigkeit des Immobilienmaklers im Auftrag eines Bauträgers dar. Bauträger sind Unternehmen, die Grundstücke kaufen und darauf Immobilien errichten, die bereits vor der Fertigstellung der Bauwerke verkauft werden. Bei Lichte betrachtet verkauft der Bauträger sowohl ein Grundstück als auch noch zu erbringende Bauleistungen an den Käufer. Dabei strebt der Bauträger an, die zu errichtenden Gebäude (häufig Eigentumswohnungen) bereits in einem möglichst frühen Stadium der Projektrealisierung zu verkaufen, um das Vermarktungsrisiko und die Bindung von Kapital möglichst gering zu halten.

Für Immobilienmakler ist der Auftrag eines Bauträgers zur Vermarktung der zu errichtenden Immobilien eine besondere Chance, sich am Markt zu profilieren und innerhalb kurzer Zeit ein relativ hohes Provisionseinkommen zu realisieren. Wenn es sich um ein prestigeträchtiges und erfolgreiches Bauträgerprojekt handelt (z.B. Bau von Luxuseigentumswohnungen in exponierter Lage einer Großstadt), dann ist das natürlich auch eine Chance für einen Immobilienmakler, vom Glanz des Bauträgers etwas abzubekommen und sich am Markt zu profilieren.

Umgekehrt gilt allerdings auch, dass die Vermarktung von Immobilien eines gescheiterten und erfolglosen Bauträgerprojektes eine undankbare Aufgabe ist, die wenig Ertrag und viel vergeblichen Aufwand nach sich zieht. Wenn es ganz schlecht läuft, kann sogar zusätzlich eine negative Wahrnehmung des Immobilienmaklers im Markt eine schädliche Nebenwirkung sein. Ein Immobilienmakler sollte sich daher gut überlegen, mit welchem Bauträger er zusammenarbeiten will.

Als Existenzgründer und Neueinsteiger in den Beruf des Immobilienmaklers werden Sie in der Regel nicht sofort bei der Vermarktung von sehr prestigeträchtigen Bauträgerprojekten tätig werden können. Dann sollten Sie sich zunächst auf kleinere Bauträgerprojekte konzentrieren und zielgerichtet versuchen, Kontakte zu den Entscheidungsträgern dieser Bauträger aufzubauen.

Bei der Einschaltung von Immobilienmaklern zur Vermarktung von Immobilien eines Bauträgerprojektes gibt es verschiedene Vertragsgestaltungen, die sich im Markt etabliert haben. Das klassische Modell beinhaltet ein Tätigwerden des Maklers ausschließlich auf erfolgsbezogener Provisionsbasis. Das bedeutet, dass Ihre Bemühungen (wie auch sonst bei Ihrer Tätigkeit als Makler) nur dann mit einer Provision vergütet werden, wenn es infolge Ihrer Tätigkeit zu einem Kaufvertragsschluss eines Interessenten mit dem Bauträger kommt. Allerdings besteht die Besonderheit darin, dass die Provision des Immobilienmaklers häufig nur vom Bauträger gezahlt wird und nicht zusätzlich vom Erwerber der Immobilie. Die Provision wird natürlich aus dem vom Erwerber zu zahlenden Kaufpreis abgezweigt und beim Bauträger als Vertriebskosten kalkuliert. Dazu würde es nicht passen, dass der Makler von dem Erwerber eine zusätzliche Käuferprovision verlangt. Daher ist das in der Regel in den Vermittlungsaufträgen mit Bauträgern ausgeschlossen.

Da Bauträger in der Regel großen Wert auf eine möglichst schnelle Vermarktung in einer möglichst frühen

Phase der Realisierung des Bauträgerprojektes legen, werden in die Verträge häufig Tätigkeits- und Berichtspflichten des Maklers hineingeschrieben. Falls es sich nicht um einen exklusiven Alleinauftrag des Maklers handelt, ist das eine Erweiterung der vertraglichen Pflichten des Immobilienmaklers, der unter normalen Umständen vertraglich **keine** Verpflichtung hat, Verkaufsbemühungen zu entfalten und dem Auftraggeber darüber Bericht zu erstatten. Diese erweiterten Vertragspflichten des Maklers werden nicht selten durch eine fixe Basisvergütung für seine Tätigkeit oder durch einen Aufwendungsersatzanspruch flankiert.

Wenn Sie einen solchen Auftrag annehmen, müssen Sie sich darüber im Klaren sein, dass Sie die Zügel nicht „schleifen lassen" dürfen. Sie müssen insoweit ein nicht zu klein bemessenes Zeitkontingent für die Betreuung eines Bauträgers einplanen und können in dieser Zeit nicht mehr so frei über Ihre Zeit verfügen wie bei der vollständig freien Vermittlung von Immobilien.

Die Zusammenarbeit mit Bauträgern als Zuträger von geeigneten Baugrundstücken ist ein besonderes Geschäftsfeld, auf das ich weiter unten eingehen werde.[10]

2.9.3 Eigentumswohnungen

Wie Sie an der oben im Abschnitt 2.9 dargestellten Graphik ersehen können, ist der Anteil der Eigentumswohnungen am gesamten Immobilienumsatz mit ca. 36 % im Jahre 2012 ein sehr bedeutsames Marktsegment für den

---

[10] Siehe Abschnitt 2.9.5.

Immobilienmakler.[11] Insbesondere in großstädtisch geprägten Ballungsräumen ist der Umsatz von Eigentumswohnungen im Vergleich zu Ein- und Zweifamilienhäusern sogar noch deutlich größer als in mittelgroßen Städten oder ländlichen Regionen.

Wenn Sie erfolgreich Eigentumswohnungen vermakeln wollen, ist es hilfreich, das zugrunde liegende rechtliche Konzept der Eigentumswohnung zu verstehen. Das versetzt Sie in den Stand, die Besonderheiten zu erfassen, die bei Eigentumswohnungen relevant sind für die Kaufvertragsparteien.

Eine Eigentumswohnung ist eine besondere Form der Wohnimmobilie. Sie stellt das Sondereigentum an bestimmten Räumen eines Gebäudes dar, welches mit dem Gemeinschaftseigentum am Grundstück und am restlichen Gebäude nach Bruchteilen verbunden ist.

Das Bürgerliche Gesetzbuch (BGB) weist eigentlich alle auf einem Grundstück errichteten Gebäude als wesentliche Bestandteile des Grundstücks dem Eigentümer bzw. den Eigentümern dieses Grundstücks nach ideellen Bruchteilen zu, so dass nach der Konzeption des Gesetzes an Gebäudeteilen eigentlich kein selbständiges Eigentum bestehen kann. Diese Regelung des BGB erwies sich jedoch als zu unflexibel, da insbesondere nach dem zweiten Weltkrieg der massive Wohnraumbedarf die Notwendigkeit nach sich zog, die finanziellen Kräfte für den Wohnungsbau zu bündeln.

Dazu war es erforderlich, denjenigen einen realen Ge-

---

[11] Siehe Abschnitt 2.9.

genwert zu bieten, die mangels ausreichender finanzieller Mittel kein ganzes Haus allein errichten konnten und daher mit anderen Menschen Geld zusammengelegt haben, um gemeinsam ein Haus zu errichten. Das Sondereigentum an einer Wohnung stellt diesen realen Gegenwert für den finanziellen Beitrag zum Bau eines Hauses durch mehrere Parteien dar.

Diese Konzeption hat seine Ausprägung im Wohnungseigentumsgesetz (WEG) gefunden.[12] Die Regelungen des WEG haben sich bis heute bewährt und ermöglichen insbesondere in Ballungszentren und hochpreisigen innerstädtischen Lagen auch heute noch durchschnittlich betuchten Menschen eine erschwingliche Form des Wohnimmobilieneigentums.

Bei einem Haus, welches in Eigentumswohnungen aufgeteilt ist, wird zwischen Gemeinschaftseigentum und Sondereigentum unterschieden. Das **Gemeinschaftseigentum** gehört allen Miteigentümern nach einem ideellen Bruchteil ohne Zuweisung bestimmter Gebäudeteile an einzelne Miteigentümer. Zum Gemeinschaftseigentum gehören z.B. die Außenwände, die Fassade, das Dach, das Treppenhaus, Gemeinschaftsflächen und Gemeinschafträume wie Waschräume oder Hof- und Gartenflächen. Zum **Sondereigentum** gehören die einzelnen abgetrennten Eigentumswohnungen mit Ausnahme der Außenwände und Fenster, die ebenfalls Gemeinschaftseigentum darstellen. Die Abgrenzung von Gemeinschaftseigentum und Sondereigentum spielt eine erhebliche Rolle für die Unter-

---

[12] Das Wohnungseigentumsgesetz ist am 15.03.1951 ausgefertigt worden.

haltungspflichten und für die Kostentragung von Reparatur- und Sanierungsmaßnahmen.

Soweit nur die Eigentumswohnung selbst betroffen ist, kann der Inhaber der Eigentumswohnung schalten und walten wie er will, ohne sich mit den anderen Eigentümern abstimmen zu müssen. Das betrifft z.B. die Ausstattung des Badezimmers, die Wahl der Tapeten und Bodenbeläge und dergleichen mehr. Wenn hingegen das Gemeinschaftseigentum (Außenwände, Fassaden, Treppenhaus, Dach, Zentralheizung etc.) betroffen ist, so liegt die Zuständigkeit für Entscheidungen bei der **Eigentümergemeinschaft**. Die Eigentümergemeinschaft ist das „Parlament" der Wohnungseigentümer. Sie tagt mindestens einmal jährlich, wofür sich der Begriff Wohnungseigentümerversammlung eingeschliffen hat. Dort werden die wichtigsten Weichenstellungen für das Gemeinschaftseigentum in Form von Beschlüssen der Eigentümer vorgenommen.

Die Entscheidungen der Wohnungseigentümerversammlung werden von einem **Verwalter** ausgeführt, der auch die gesamte Verwaltung der Immobilie leistet. Zu seinen Aufgaben gehören u. a. die Aufteilung der Betriebskosten und die Einziehung der Kostenbeiträge der Wohnungseigentümer für Verwaltung und Instandhaltung des Gemeinschaftseigentums (= Hausgeld).

Die grundlegenden Vereinbarungen über Rechte und Pflichten in der Eigentümergemeinschaft werden in der **Gemeinschaftsordnung** festgeschrieben. Dazu gehören etwa die Art der erlaubten Nutzung der Eigentumswohnungen (rein private Nutzung oder auch gewerbliche Nutzung) und die grundsätzliche Regelung der Beitragspflichten der Mitglieder der Eigentümergemeinschaft zur Unterhaltung des Gemeinschaftseigentums. Häufig sind die Gemeinschaftsordnung und die Teilungserklärung in einer Urkunde zu einem Text zusammengefasst. Die Gemeinschaftsordnung kann nur durch die gesamte Eigentümergemeinschaft geändert werden, d. h. dass sich alle Eigentümer einig sein müssen.

Es ist daher für den Erwerber einer Eigentumswohnung ratsam, die Gemeinschaftsordnung vor dem Entschluss über den Kauf einer Eigentumswohnung gründlich zu lesen, um insoweit Klarheit darüber zu haben, welche Abweichungen von den gesetzlichen Regelungen vereinbart worden sind.

Wie oben bereits dargestellt, werden neu errichtete oder zu errichtende Eigentumswohnungen häufig von Bauträgern entwickelt und an den Markt getragen. Insofern haben die obigen Ausführungen zur Kooperation eines Immobilienmaklers mit einem Bauträger auch hier Gültigkeit.

Bei Altbeständen von Eigentumswohnungen scheidet der Anknüpfungspunkt eines Bauträgers zur Akquise aus. Hier muss der Immobilienmakler andere Strategien zur Akquise von Eigentumswohnungen für den Vermittlungsbestand entwickeln. Da Eigentumswohnungen in aller Regel von einem Verwalter bewirtschaftet werden, kann es für einen Immobilienmakler lohnend sein, gute Kontakte zu Hausverwalterfirmen aufzubauen. Denn verkaufswillige Eigentümer einer Eigentumswohnung wenden sich häufig an den Verwalter, um Empfehlungen und oder Hilfestellung zu erhalten beim Verkauf der Wohnung. Eine

Empfehlung durch Hausverwalter führt daher häufig zur erfolgreichen Akquise eines Vermittlungsauftrages für den Immobilienmakler.

Diese Strategie funktioniert natürlich dann nicht wenn der Hausverwalter selbst auch als Immobilienmakler tätig ist.[13] Das wird dann allerdings in der Regel auf der Internetseite der Hausverwaltungsfirma im Tätigkeitsprofil dargestellt sein so dass Sie daraus ableiten können, welche Hausverwaltungen Sie gar nicht zu kontaktieren brauchen.

Da Eigentumswohnungen signifikant häufiger von den Eigentümern als Renditeimmobilien zur Vermietung angeschafft und gehalten werden als Ein- und Zweifamilienhäuser, ist ein guter Ansatzpunkt für die Akquise die Identifizierung von Anlaufstellen solcher Eigentümer, um Rat und Unterstützung bei der Vermietung zu erhalten. Es liegt nahe, das solche Eigentümer bemüht sind, eine optimale Vermietung der Immobilie sicherzustellen. Serviceleistungen zur Unterstützung dieses Zieles werden z.B. von Haus- und Grundbesitzervereinen angeboten. Daher kann es sehr nutzbringend sein, wenn Sie z.B. bei solchen Vereinen Vorträge halten, wie Mieterhöhungsverlangen durchgesetzt werden können. Es bedarf keiner Erwähnung, dass diese Vorträge natürlich professionell und profunde sein müssen, um die Akquisition zu unterstützten und nicht zu stören. Wie Sie sehen, zieht sich das Thema der Fachkompetenz wie ein roter Faden durch die Entwicklungsge-

---

[13] Wenn Sie selbst Verwalter einer Wohnungseigentumsanlage sind und für den Verkauf einer Wohnung Ihre Zustimmung gemäß § 12 WEG erforderlich ist, dann können Sie nicht darüber hinaus als Makler des Käufers tätig werden (siehe Bundesgerichtshof, Urteil v. 26.09.1990, abgedruckt in Neue Juristische Wochenschrift 1991, S. 168).

schichte eines Immobilienmaklers auf dem steinigen und beschwerlichen Weg zum Erfolg. Ich kann daher nur immer wieder betonen, dass Sie viel Zeit und Mühe darauf verwenden sollten, an Ihrer Fachkompetenz zu arbeiten und diese kontinuierlich weiterzuentwickeln. Mindestens genauso wichtig ist es jedoch, diese Kompetenz für die potentiellen und tatsächlichen Kunden sichtbar zu machen.

2.9.4 Mehrfamilienhäuser

Wenn eine Wohnungseigentumsanlage komplett verkauft wird, weil einer Person alle Wohnungen gehören, dann kann man von der Immobilienkategorie „Mehrfamilienhaus" sprechen. Dabei ist es auch möglich, dass eine Aufteilung des Hauses in Teileigentum und Eigentumswohnungen (noch) gar nicht stattgefunden hat, weil seit der Errichtung des Hauses immer nur eine bestimmte Person Eigentümer des gesamten Hauses war. Dann besteht keine Notwendigkeit zur Aufteilung des Hauses in Eigentumswohnungen. Es muss lediglich bei der Vermietung darauf geachtet werden, dass die vermietete Wohnung im Mietvertrag genau bezeichnet ist. Die Vermittlung einer solchen Immobilie ist für den Immobilienmakler einfacher, weil auf die Besonderheiten des WEG nicht geachtet werden muss.

Vorsicht ist allerdings geboten, wenn die Wohnungen einer solchen Immobilie vermietet sind und erst nach Begründung der Mietverhältnisse eine Aufteilung in Eigentumswohnungen erfolgt. Dann gelten für den Erwerber besondere Kündigungsfristen und Beschränkungen der Kündigungsmöglichkeit hinsichtlich der Mietverträge und darüber hinaus gibt es gesetzliche Vorkaufsrechte der Mieter.[14]

Da en bloc verkaufte Mehrfamilienhäuser nahezu ausnahmslos Renditeimmobilien darstellen[15], haben die obigen Ausführungen zur Akquisitionsstrategie von Renditeimmobilien auch hier Gültigkeit. Es wird insoweit zur Vermeidung von Wiederholungen auf die obigen Ausführungen zu Eigentumswohnungen verwiesen.

2.9.5 Unbebaute Grundstücke (Wohnbauland)

Es gibt zunächst den Immobilientyp des unbebauten Grundstückes. Damit meine ich natürlich nicht Ackerflächen im Außenbereich, sondern als Bauland ausgewiesene Flächen. Neue Baugrundstücke entstehen dann, wenn Agrarland durch Änderung des Flächennutzungsplanes und Aufstellung eines Bebauungsplanes durch die zuständige Gemeindeverwaltung zu Bauland wird.

Ob und wann entsprechende Flächen ausgewiesen und erschlossen werden, hängt jedoch von vielen Faktoren ab. Insbesondere der politische Willensbildungsprozess im Rat der Gemeinde ist ein entscheidender Aspekt. Daraus folgt, dass für eine erfolgreiche Akquisition von Vermittlungsaufträgen für neue Baugrundstücke eine gute Übersicht über politische Willensbildungsprozesse und Kontakte zu Politikern hilfreich sind.

---

[14] Siehe §§ 577 und 577a BGB.

[15] Es mag wenige Ausnahmen von diesem Grundsatz geben. Wenn z.B. mehrere Generationen einer Großfamilie eine Mehrzahl von Wohnungen in einem Mehrfamilienhaus bewohnen, das nur einer einzigen Person der Großfamilie komplett gehört. Diesen Sonderfall lasse ich bei der Betrachtung unbesprochen.

Der Fokus des Maklers in diesem Geschäftsfeld muss darauf gerichtet sein, potentielle Anbieter von Bauland so früh wie möglich zu identifizieren und Kontakte zu diesen Anbietern aufzubauen. In diesem Zusammenhang bietet sich z.B. an, durch Einsichtnahme in den Flächennutzungsplan Landwirte ausfindig zu machen, die Eigentümer von Flächen sind, die als Bauerwartungsland ausgewiesene sind. Eine gezielte Kontaktaufnahme zu diesen Landwirten im Vorfeld kann dem Immobilienmakler lukrative Aufträge einbringen.

Eine interessante Informationsquelle für einen Immobilienmakler ist das Baulandkataster einer Gemeinde, in dem bebaubare aber noch nicht bebaute Grundstücksflächen in einem Gemeindegebiet kartographisch ausgewiesen werden.[16] Darüber hinaus enthält dieses Kataster in der Regel auch Informationen über Baulücken in bereits bebauten Gebieten und die Grundstücksgröße und den Zuschnitt der Grundstücke. Dieses Kataster können Sie beim Bauaufsichtsamt der Gemeinde einsehen. Häufig sind auch Auszüge daraus oder Ausdrucke von Karten gegen Entgelt zu erhalten. Allerdings finden Sie in diesen Katastern natürlich keine Informationen über die Eigentümer der Grundstücke. Solche Informationen sind nicht frei zugänglich. Sie sind im Grundbuch festgehalten. Allerdings bedarf es für die Einsichtnahme in das Grundbuch der Darstellung eines berechtigten Interesses. Dafür reicht jedoch die Absicht, ein Grundstück als Immobilienmakler zu vermarkten, nicht aus.

---

[16] Grundlage für die Erstellung solcher Kataster ist § 200 Abs. 3 BauGB.

Bebaubare, aber noch nicht bebaute Flächen werden häufig von Projektentwicklern oder Bauträgern aufgespürt, um darauf Immobilien zu errichten, die schon vor der Fertigstellung der Gebäude zusammen als Paket mit den Bauleistungen verkauft werden. Wenn Sie als Immobilienmakler in diesem Segment tätig werden wollen, dann wäre ein denkbares Betätigungsfeld, Zuträger für Projektentwickler oder Bauträger zu werden.

Darüber hinaus spielen die Aktivitäten der Gemeinden zur Steuerung der Verteilung von neuem Bauland eine erhebliche Rolle, die diesen besonderen Grundstückmarkt prägt. Gemeinden haben häufig ein Interesse daran, Einheimische bei der Zuteilung neu erschlossenen Baulandes zu bevorzugen und nehmen dementsprechend bereits in der Phase vor der Aufstellung eines Bebauungsplanes Einfluss auf die Zuteilung der Grundstücke durch vertragliche Konstruktionen mit den Grundstückseigentümern. Vor diesem Hintergrund muss hier kritisch angemerkt werden, dass der Verkehr mit unbebauten Grundstücken ein nicht ganz einfaches Geschäftsfeld für Newcomer ist.

Bei unbebauten Grundstücken stellen sich insbesondere für den Makler besondere Anforderungen, wenn es darum geht, einen interessierten Käufer zu finden. Die Angabe der Lage und der Grundstücksgröße allein sind für einen Käufer noch keine ausreichenden Informationen. Es stellen sich darüber hinaus natürlich Fragen der Bebaubarkeit (überbaubare Flächen, zulässige Geschossflächengröße und Anzahl zulässiger Vollgeschosse etc.).

Darüber hinaus stellen sich für den Käufer eines unbebauten Grundstückes Fragen zur Höhe der Erschließungskosten bis zur Herbeiführung der Baureife. Hier muss sich ein Immobilienmakler die Frage stellen, wie viele Informationen er zusammentragen kann und will und inwieweit er dadurch die Gefahr heraufbeschwört, sich in eine Haftungsfalle für eine Falschberatung oder Falschauskünfte zu begeben.[17] Auch insofern hält die Vermarktung von unbebauten Grundstücken für einen Immobilienmakler Herausforderungen bereit denen man sich nur wohlüberlegt stellen sollte.

Schließlich ist zu berücksichtigen, dass der Umsatz von Wohnbauland bezogen auf den Gesamtumsatz von Wohnimmobilien in Deutschland einen relativ geringen Anteil darstellt. In 2012 lag er für Gesamtdeutschland bei mageren 10 %.[18] Das bedeutet, dass das zu verteilende Provisionsvolumen entsprechend gering ist in diesem kleinen Marktsegment.

2.9.6 Vermietung oder Verkauf oder beides?

Immobilienmakler vermitteln nicht nur Kaufverträge über Immobilien sondern auch Mietverträge. Wenn Sie sich mit der Frage konfrontieren, ob Sie Kaufverträge oder Mietverträge vermitteln wollen oder beides, dann wäre eine nahe liegende Antwort, möglichst beides zu vermitteln, um die Provisionsbasis zu vergrößern und möglichst breit aufgestellt zu sein. Allerdings kann hier eingewendet werden, dass das die Spezialisierungsstrategie verwässern könnte, weil der Eindruck genährt wird, als Immobilienmakler wahllos alles zu vermitteln, was Provisionen ver-

---

17 Wegen der Einzelheiten verweise ich auf Abschnitt 4.1.
18 Ich verweise insoweit auf die oben unter 2.9 vorgestellt Graphik.

spricht.

Auf diese Frage muss man eine differenzierte Antwort geben. Es kommt darauf an, auf welche Art von Immobilien Sie sich spezialisieren wollen. Wenn Sie z.B. schwerpunktmäßig freistehende Einfamilienhäuser in einer ländlichen Region vermitteln wollen, dann wäre es m. E. geschickter, sich auf die Vermittlung des Verkaufes solcher Immobilien zu beschränken und nicht werbend am Markt auch die Vermietung solcher Objekte zu betreiben. Dies ist deshalb sinnvoll, weil in dünn besiedelten Gebieten die Quote der selbst nutzende Eigentümer deutlich höher ist als in großstädtisch geprägten Regionen. Darüber hinaus ist die bevorzugte Immobilienform in diesen Regionen wegen der niedrigen Preise für Grundstücke das freistehende Einfamilienhaus. Durch eine unmissverständlich formulierte und konsequent durchgehaltene Spezialisierung auf den Verkauf solcher Objekte unter Verzicht auf die Vermietung würden Sie folglich nur ein relativ kleines Marktsegment unbearbeitet lassen und ein gutes Stück Profilschärfe gewinnen. Daher spricht dann einiges dafür, bei einer solchen Konstellation auf die Vermittlung von Mietverträgen insgesamt zu verzichten.

Wenn Sie hingegen als Immobilienmakler in einem großstädtisch geprägten Marktumfeld tätig sind und vor diesem Hintergrund beschlossen haben, sich auf die Vermittlung von Eigentumswohnungen zu spezialisieren, so würde die Vermittlung von Mietverträgen neben der Vermittlung von Kaufverträgen Ihre Spezialisierung nicht beschädigen sondern sinnvoll ergänzen. Denn Eigentumswohnungen in großstädtisch geprägten Märkten werden sogar häufiger zur Vermietung als Renditeobjekt angeschafft und gehalten als zur Eigennutzung. Folglich wäre die Vermittlung auch von Mietverträgen über Eigentumswohnungen sogar eine sinnvolle und konsequente Ergänzung Ihres Spezialgebietes, denn Erwerber von Eigentumswohnungen zur Vermietung als Renditeobjekt sind natürlich auch an der Vermittlung von Mietverträgen interessiert.

Die Vermittlung von Mietverträgen über Wohnimmobilien ist stärker reglementiert als die Vermittlung von Kaufverträgen. Insbesondere ist zu berücksichtigen, dass das **Gesetz zur Regelung der Wohnungsvermittlung (WoVermRG)**[19] Anwendung findet. Vor dem Hintergrund des am 01.06.2015 in Kraft getretenen „**Bestellerprinzips**" für Maklerleistungen bei der Vermietung von Wohnraum ist die Reglementierung noch engmaschiger geworden. Nach der nun geltenden Rechtslage können die Maklerkosten im Normalfall nicht mehr auf den Mieter abgewälzt werden. Es ist daher damit zu rechnen, dass Vermieter künftig verstärkt die Vermietung selbst in die Hand nehmen. Es ist übrigens nicht ausgeschlossen, dass Sie eine höhere Provision vom Vermieter fordern, weil die Deckelung auf 2 Monatskaltmieten nur für den Wohnungssuchenden und **nicht** für den Vermieter gilt.

Wenn Sie sich mit der Vermittlung von Mietverträgen über Wohnraum befassen, brauchen Sie als Makler natürlich zuverlässige Informationen über die aktuell am Markt

---

[19] Den Gesetzestext finden Sie im Kapitel 5 dieses Buches. Darüber hinaus finden Sie in Abschnitt 3.1.3 weitere Erläuterungen zu den Regelungen des Gesetzes.

erzielbaren Mieten. Dabei sind die von der Gemeinde ermittelten Mietspiegel eine wertvolle Informationsquelle. Darüber hinaus ist der jährlich aktualisierte IVD-Wohn-Preisspiegel eine gute Informationsquelle sowohl für aktuelle Mietpreisentwicklungen als auch für Immobilienpreisentwicklungen. Schließlich gibt es auch Informationen zu Durchschnittspreisen auf Immobilienportalen im Internet (z.B. Immobilienscout oder Immowelt).

Bei der Akquise von Vermittlungsaufträgen für Mietwohnungen ist es natürlich wichtig, dass Sie Fragen des Eigentümers zur aktuell am Markt erzielbaren Miete kompetent beantworten können. Daher ist die regelmäßige Auswertung dieser Informationsquellen für Sie Pflichtübung wenn Sie bei der Vermittlung von Mietverträgen als Makler tätig werden wollen. Darüber hinaus ist die Kenntnis der aktuellen Marktmieten auch deshalb für den Vermieter und den Makler wichtig, weil eine Vermietung von Wohnraum zu überhöhten Preisen ab einer bestimmten Größenordnung eine Ordnungswidrigkeit darstellt, die mit einer Geldbuße belegt werden kann.[20]

Wenn Sie über eine gute Kenntnis der am Markt erzielbaren Miete hinaus noch mit Fachwissen zu Mietverträgen glänzen können, dann dürften Sie an der Akquisitionsfront gute Karten haben. Wenn Sie bei einem Akquisitionsgespräch allerdings fachlich unsicher rüberkommen und Antworten auf Fragen schuldig bleiben, dann liefern

---

[20] Siehe § 5 Wirtschaftsstrafgesetz. Der Tatbestand dieser Vorschrift ist erfüllt, wenn die geforderte Miete unter Ausnutzung von Wohnungsknappheit um mehr als 20% über der ortsüblichen Miete der letzten 4 Jahre liegt. Als Sanktion ist eine Geldbuße von bis zu € 50.000 vorgesehen.

Sie dadurch eine schlechte Visitenkarte ab. Das spielt eine nicht zu unterschätzende Rolle. Wie Sie sehen, spielt Ihre fachliche Kompetenz an allen Fronten eine wichtige Rolle für den Erfolg als Immobilienmakler. Darauf komme ich an späterer Stelle noch detaillierter zu sprechen.[21]

---

[21] Siehe Kapitel 4.

KAPITEL 3
RECHTLICHE GRUNDLAGEN

Als Immobilienmakler sind Sie in einem stark verrechtlichten Umfeld tätig. Sie fädeln den Abschluss von Kaufverträgen und evt. Mietverträgen über Immobilien ein und müssen dabei die rechtlich relevanten Punkte im Auge behalten. Auch wenn die formalen Anforderungen zur Erlangung der behördlichen Erlaubnis zur Ausübung des Berufes des Immobilienmaklers gering sind, so sind die Anforderungen im Arbeitsalltag des Maklers beachtlich.

Der Makler muss z.B. in der Lage sein, einen Grundbuch-auszug richtig zu lesen. Darüber hinaus muss er wissen, welche Anforderungen zu erfüllen sind, um einen wirksamen und durchsetzbaren Anspruch auf eine Maklerprovision zu erlangen. Schließlich muss er die Spielräume für die Ausgestaltung von Maklerverträgen kennen, um überhaupt in der Lage zu sein, mit den Maklerkunden wirksame und durchsetzbare Absprachen zu treffen. Allein diese exemplarische Aufzählung zeigt bereits, dass Sie als Immobilienmakler um rechtliche Themen keinesfalls herumkommen.

Ich empfehle Ihnen, sich am besten von Anfang dieser Herausforderung zu stellen. Nur wenn Sie sich gründlich mit den rechtlichen Fragen auseinanderzusetzen, können Sie Ihre Tätigkeit als Immobilienmakler möglichst professionell organisieren und vermeiden, Ihre Kräfte auf Nebenkriegsschauplätzen zu verschleißen. Es ist zielführender, sich dieser Herausforderung einmal zu stellen und diese Baustelle abzusichern, als planlos zu *„frickeln"* bis sich Probleme einstellen und die ersten Schäden und Verluste zu beklagen sind. Aus diesem Grunde führe ich Sie in den folgenden Abschnitten systematisch in die relevanten Fragestellungen und die Antworten ein.

3.1 Gründung eines Immobilienmaklergeschäfts

Wenn Sie als Immobilienmakler tätig werden wollen, müssen Sie sich zunächst über diverse Fragen klar werden. Sie müssen entscheiden, ob Sie ein Geschäftslokal anmieten oder zunächst vom heimischen Schreibtisch tätig werden wollen. Sie werden in jedem Fall eine Internetseite erstellen müssen, um im wichtigen online - Markt sichtbar zu werden.

3.1.1 Erlaubnis nach § 34c Gewerbeordnung

Bevor Sie am Markt als Immobilienmakler auftreten, müssen Sie in jedem Fall eine Gewerbeerlaubnis beim zuständigen Gewerbeaufsichtsamt einholen. Daran führt kein Weg vorbei. Wenn Sie vor Erteilung dieser Genehmigung als gewerblicher Immobilienmakler tätig werden, dann handeln Sie gemäß § 144 GewO ordnungswidrig und können mit einer Geldbuße in Höhe von bis zu € 5.000 belegt werden.

Die Voraussetzungen für die Erlangung der Gewerbeerlaubnis sind in § 34c GewO geregelt. Den Text dieser Vorschrift finden Sie im Anhang dieses Praxisleitfadens abgedruckt.[22]

---

[22] Siehe Kapitel 5.

Für die Erlangung der Genehmigung müssen Sie **keine** Fachkenntnisse und keinen berufsqualifizierenden Abschluss nachweisen. Ausreichend ist lediglich, dass der Antragssteller nicht unzuverlässig ist und nicht in ungeordneten Vermögensverhältnissen lebt. Diese Voraussetzungen sind in der Regel dann nicht erfüllt, wenn der Antragssteller strafrechtlich wegen eines Verbrechens oder wegen Diebstahls, Unterschlagung, Erpressung, Betruges, Untreue, Geldwäsche, Urkundenfälschung, Hehlerei, Wuchers oder einer Insolvenzstraftat rechtskräftig verurteilt worden ist.

Darüber hinaus ist die Erlaubnis zu versagen, wenn der Antragssteller in ungeordneten Vermögensverhältnissen lebt. Davon ist in der Regel auszugehen, wenn der Antragssteller ein Insolvenzverfahren durchlaufen hat oder wenn er in das Schuldnerverzeichnis gemäß § 26 Abs. 2 Insolvenzordnung eingetragen ist.

Sie beantragen die Erlaubnis für bestimmte Tätigkeiten und nicht für den Marktauftritt unter der Berufsbezeichnung „Immobilienmakler". Es geht der Gewerbeaufsichtsbehörde nicht um die Bezeichnung Ihrer Tätigkeit sondern um das was Sie tatsächlich tun. Das heißt, dass Sie die Erlaubnis nach § 34c GewO für die gewerbliche Vermittlung und den gewerblichen Nachweis von Gelegenheiten zum Abschluss von Kaufverträgen und Mietverträgen über Immobilien beantragen und nicht für die Führung der Bezeichnung „Immobilienmakler".[23]

Darüber hinaus gibt es erlaubnispflichtige Tätigkeiten

---

[23] Siehe § 34c Abs. 1 Nr. 1 GewO.

nach § 34c GewO, die im Zusammenhang mit der Tätigkeit als Immobilienmakler stehen können. Dazu gehört z.B. die Vermittlung von Immobilienfinanzierungen. Wenn Sie auch in diesem Marktsegment tätig werden wollen, so müssen Sie das bei der Beantragung der Erlaubnis mit angeben.[24] Allerdings erhöhen sich die Gebühren für die Erlaubnis, wenn Sie weitere Tätigkeiten in den Antrag aufnehmen. Wenn Sie sich nicht sicher sind, dass Sie tatsächlich auch Immobilienfinanzierungen vermitteln wollen, dann sollten Sie überlegen, diese Tätigkeiten zunächst nicht mit zu beantragen und später einen Antrag auf Erweiterung der Tätigkeiten stellen falls Sie doch in diesem Marktsegment tätig werden wollen.

Formulare für die Beantragung der Gewerbeerlaubnis nach § 34c GewO können Sie auf der Internetseite der Stadtverwaltung herunterladen, die für Sie zuständig ist. Dort finden Sie auch Informationen, welche Stelle zuständig ist und wohin Sie den ausgefüllten Antrag schicken müssen.

3.1.2 Die Makler- und Bauträgerverordnung

Darüber hinaus ist für Ihre Tätigkeit als gewerblicher Immobilienmakler die Makler- und Bauträgerverordnung (MaBV) relevant. Den Text der MaBV finden Sie im Anhang dieses Praxisleitfadens zu Ihrer Information abgedruckt.[25]

Sie enthält Regelungen über die Ausübung Ihrer Tätigkeit als Immobilienmakler. So sind Sie z. B. gemäß § 10

[24] Siehe § 34c Abs. 1 Nr. 2 GewO.
[25] Siehe Kapitel 5.

MaBV als Immobilienmakler verpflichtet, die Hereinnahme von Aufträgen und die mit dem Maklerkunden getroffenen Absprachen und Vereinbarungen vollständig und übersichtlich zu dokumentieren und zu archivieren. § 11 MaBV verpflichtet Sie darüber hinaus, die getroffenen Vereinbarungen dem Kunden schriftlich zur Verfügung zu stellen.

Daraus folgt auch, dass Sie bereits bei der Auftragsübernahme klare Vorstellungen davon haben müssen, welche Vereinbarungen Sie mit dem Kunden treffen wollen. Diese Vereinbarungen müssen Sie unmissverständlich dokumentieren und klar kommunizieren. Diese Arbeit können Sie nicht auf später verschieben.

Ein Verstoß gegen die Aufzeichnungs- und Informationspflichten des Maklers stellt eine Ordnungswidrigkeit dar und kann von der Gewerbeaufsichtsbehörde mit einer Geldbuße in Höhe von bis zu € 5.000 belegt werden.[26] Daher spricht alles dafür, mit dem Auftraggeber einen schriftlichen Vertrag zu schließen, der alle Pflichtangaben nach der MaBV enthält und dem Auftraggeber unmittelbar nach Vertragsschluss eine Zweitausfertigung des Vertrages zu übergeben. Dann haben Sie Ihrer Dokumentations- und Informationspflicht nach der MaBV genüge getan und darüber hinaus Ihre Arbeit auf eine sichere vertragliche Grundlage gestellt.

Darüber hinaus ist der Auftraggeber nach der MaBV laufend zu informieren über den Fortgang der Bemühungen des Maklers zur Herbeiführung eines Kaufvertrags-

---

[26] Siehe § 144 Abs. 2 GewO und § 18 Nr. 7 MaBV.

schlusses. Insbesondere bei Aufnahme von Vertragsverhandlungen mit dem Vertragspartner ist der Auftraggeber zu informieren.

Die weiteren Regelungen der MaBV über Sicherheitsleistung bzw. den Abschluss einer Versicherung durch den Makler für den Fall, dass er Vermögenswerte vom Auftraggeber entgegennimmt (siehe §§ 2 und 4 bis 8 MaBV) haben für das Immobilienmaklergeschäft keine praktische Bedeutung, weil die Zahlung des Kaufpreises in aller Regel nicht durch die Hände des Maklers geht sondern über notarielle Treuhandabreden direkt zwischen den Kaufvertragsparteien und ggf. zwischen den beteiligten Banken abgewickelt wird.

3.1.3 Gesetz zur Regelung der Wohnungsvermittlung

Wenn Sie als Immobilienmakler auch auf dem Gebiet der Vermittlung von Mietverträgen über Wohnraum tätig werden, dann findet das **Gesetz zur Regelung der Wohnungsvermittlung (WoVermRG)** auf Sie Anwendung. Den Text des WoVermRG finden Sie im Anhang dieses Praxisleitfadens zu Ihrer Information abgedruckt.[27]

Aus dem Gesetz folgt, dass die Höhe der Provision gegenüber dem Mieter auf 2 Monatskaltmieten ohne Nebenkosten und zzgl. Umsatzsteuer gedeckelt ist. Es ist übrigens nicht ausgeschlossen, dass Sie eine höhere Provision vom Vermieter fordern, weil die Deckelung auf 2 Monatskaltmieten nur gegenüber dem Wohnungssuchenden und

[27] Siehe Kapitel 5.

nicht gegenüber dem Vermieter gilt.

Das Gesetz verbietet darüber hinaus Umgehungen dieser Vorgaben durch vertragliche Konstruktionen (z.B. Verpflichtung des Mieters zur Übernahme einer vom Vermieter geschuldeten Provision, deren Höhe nicht gedeckelt ist). Vor dem Hintergrund des am 01.06.2015 in Kraft getretenen „**Bestellerprinzips**" für Maklerleistungen bei der Vermietung von Wohnraum ist die Reglementierung noch engmaschiger geworden. Nach der nun geltenden Rechtslage können die Maklerkosten im Normalfall nicht mehr auf den Mieter abgewälzt werden. Es ist daher damit zu rechnen, dass Vermieter künftig verstärkt die Vermietung selbst in die Hand nehmen.

Schließlich regelt das Gesetz, dass im Zusammenhang mit dem Mietvertrag getroffene Vereinbarungen unwirksam sind, dass der Mieter Inventar zu überhöhten Preisen vom Vermieter oder vom Vormieter übernimmt.[28] Das Gesetz verbietet auch, bei der Vermittlung eines Mietvertrages über öffentlich geförderte oder sonstige preisgebundene Wohnungen eine Provision vom Mieter zu kassieren.[29] Eine weitere Besonderheit ist, dass Verwalter von Wohnungseigentumsanlagen nicht als Immobilienmakler zur Vermittlung von Mietverträgen über die verwalteten Wohnungen gegen Provision tätig werden dürfen.[30]

Bei einem Verstoß gegen das WoVermRG handelt der Immobilienmakler ordnungswidrig und kann ein Bußgeld

---

[28] Siehe § 4a Abs. 2 WoVermRG

[29] Siehe § 2 Abs. 3 WoVermRG

[30] Siehe § 2 Abs. 2 Nr. 2 WoVermRG.

auferlegt bekommen.[31]

3.1.4 Internetpräsenz des Maklers

Selbstverständlich müssen Sie als Immobilienmakler eine professionell gestaltete Internetseite haben. Ihre Internetseite ist Ihr virtuelles Geschäftslokal und Ihre Visitenkarte. Potentielle Kunden werden Sie selbstverständlich nach dem ersten Eindruck von Ihrer Internetseite beurteilen. Eine funktionell armselig und schlecht gestaltete Internetseite kann zu einem echten Stolperstein bei der Anbahnung von lukrativen Geschäftskontakten sein.

Für den Internetauftritt von Gewerbetreibenden sind einige besondere Regelungen zu beachten, die im Telemediengesetz niedergelegt (TMG) sind. Den Text des TMG finden Sie zu Ihrer Information im Anhang abgedruckt.[32]

Die für Sie als gewerblicher Immobilienmakler wichtigste Regelung ist in § 5 TMG enthalten. Demnach sind Sie verpflichtet, auf Ihrer Internetseite die folgenden Informationen für die Besucher der Seite leicht erkennbar, unmittelbar erreichbar und ständig verfügbar vorzuhalten:

- den Namen und die Anschrift, unter der Sie niedergelassen sind, bei juristischen Personen zusätzlich die Rechtsform, den Vertretungsberechtigten und, sofern Angaben über das Kapital der Gesellschaft gemacht werden, das Stamm- oder Grundkapital sowie, wenn nicht alle in Geld zu leistenden Einlagen eingezahlt sind, der Gesamtbetrag der ausstehenden Einlagen,

---

[31] Siehe § 8 Abs. 1 WoVermRG.

[32] Siehe Kapitel 5.

- Angaben, die eine schnelle elektronische Kontaktaufnahme und unmittelbare Kommunikation mit Ihnen ermöglichen, einschließlich der Adresse der elektronischen Post,
- soweit der Dienst im Rahmen einer Tätigkeit angeboten oder erbracht wird, die der behördlichen Zulassung bedarf, Angaben zur zuständigen Aufsichtsbehörde (bei Immobilienmaklern ist das gemäß § 34c GewO der Fall),
- das Handelsregister, Vereinsregister, Partnerschaftsregister oder Genossenschaftsregister, in das sie eingetragen sind, und die entsprechende Registernummer,
- Ihre Umsatzsteueridentifikationsnummer (falls vorhanden).

Diese Informationen werden üblicherweise im Impressum einer Internetseite hinterlegt. Das Impressum muss von der Startseite aus mit einem Mouse-Click erreichbar sein.

Wenn Sie gegen diese Vorgaben verstoßen, handeln Sie ordnungswidrig und können mit einer Geldbuße belegt werden. Sie sollten daher diese leicht zu erfüllenden Anforderungen ernst nehmen.

Wenn Sie selbst nicht über die Fähigkeiten zur professionellen Gestaltung von Internetseiten verfügen, dann sollten Sie unbedingt Geld in einen professionellen Service investieren. Es wäre am falschen Ende gespart, bei der Gestaltung des Internetauftritts Abstriche zu machen. Wichtig ist insbesondere, dass die Internetseite die Funktionalität bietet, dort vermittelte Objekte zu präsentieren, die der Interessent anklicken kann. Eine schlichte Seite mit Kontaktdaten und Foto von Ihnen reicht in heutiger Zeit keinesfalls aus.

3.1.5 Rechtliche Vorgaben für Inhalte des Exposés

Das Exposé sollte auf einen Blick alle wesentlichen Informationen enthalten, die ein Käufer oder Mieter erwartet. Dazu gehören selbstverständlich das Baujahr, Angaben über die Größe der Wohn- und Nutzflächen und durchgeführte Sanierungen und Modernisierungen. Die Aufmachung des Exposés ist auch sehr entscheidend, weil es letztendlich auch eine Visitenkarte des Maklers ist. Daher gehören auch möglichst aussagekräftige Fotos mit ordentlicher Belichtung und Auflösung in ein Exposé.

Mit Inkrafttreten der EnEV-Novelle zum 1.1.2014 sind darüber hinaus Pflichtangaben aus dem Energieausweis in das Exposé zu übernehmen. Im Einzelnen handelt es sich dabei um:

- Information, ob ein Energieausweis, ein Energiebedarfsausweis oder ein Energieverbrauchsausweis vorliegt
- Wert des Endenergiebedarfs oder Endenergieverbrauchs für das Gebäude
- Energieträger für die Heizung des Gebäudes
- Baujahr
- Bei Energieausweisen, die nach dem 01.05.2014 ausgestellt wurden: die Energieeffizienzklasse (Klassen A+ bis H)

3.2 Abschluss und Durchsetzung des Maklervertrages[33]

Als Immobilienmakler werden Sie für Ihre Kunden auf der Grundlage eines Vertrages tätig. Der Vertrag ist auch die Anspruchsgrundlage für Ihre Maklerprovision. Daher sollten Sie sich vorab über die grundlegenden rechtlichen Fragen zum Abschluss und Inhalt eines Maklervertrages informieren. Zu diesem Zweck führe ich Sie nachfolgend in die Materie ein. Ich verspreche Ihnen dabei, dass ich Sie nicht mit überflüssigen und irrelevanten Ausführungen quälen, sondern nur die wirklich relevanten Fragen erörtern werde.

3.2.1 Gesetzliche Ausprägung des Maklervertrages

Der Maklervertrag ist in den §§ 652 – 655 des Bürgerlichen Gesetzbuches (BGB) geregelt. Die entsprechenden Regelungen finden Sie im Anhang dieses Buches abgedruckt.[34]

Nach der gesetzlichen Ausprägung des Maklervertrages verdient der Makler für den **Nachweis** der Gelegenheit zum Abschluss eines Kaufvertrages <u>**oder**</u> für die **Vermittlung** eines Kaufvertrages eine Maklerprovision, wenn es tatsächlich zum Kaufvertragsschluss kommt. Die gesetzliche Ausprägung des Maklervertrages lässt für die

---

[33] Als Erwerber dieses Buches können Sie einen anwaltsgeprüften Mustervertrag für einen Qualifizierten Makler-Alleinauftrag als Bonusmaterial anfordern. Schreiben Sie dazu einfach ein eMail an folgende Adresse: EIM@alexander-goldwein.de

[34] Siehe Kapitel 5.

erfolgreiche Tätigkeit eines Immobilienmaklers und für das Entstehen des Anspruches auf die Provision sowohl einen Nachweis einer Gelegenheit zum Kaufvertragsschluss über eine Immobilie als auch die Vermittlung einer Kaufvertragsabschlusses ausreichen.[35] Darüber hinaus ist Voraussetzung für das Entstehen des Provisionsanspruches, dass die Tätigkeit des Maklers **kausal** für den Kaufvertragsabschluss ist.

Für den **Nachweis** reicht es aus, dass der Immobilienmakler den Kontakt zwischen den Kaufvertragsparteien hergestellt hat, der dann in den Kaufvertragsschluss einmündet. Für die **Vermittlung** eines Kaufvertrages ist dagegen erforderlich, dass der Makler in den Verhandlungen auf die Vertragsparteien einwirkt und dadurch schließlich den Kaufvertragsentschluss herbeiführt.

Nach der gesetzlichen Ausprägung des Maklervertrages stehen Nachweis einer Gelegenheit zum Abschluss eines Kaufvertrages und Vermittlung eines Kaufvertrages gleichberechtigt nebeneinander. Vertragliche Vereinbarungen für Maklerleistungen sehen daher (anknüpfend an die gesetzliche Ausprägung des Maklervertrages) nahezu flächendeckend vor, dass die Provision sowohl durch eine Nachweistätigkeit als auch durch einen Vermittlungstätigkeit des Maklers verdient werden kann.

Obwohl der Nachweis für das Entstehen des Provisionsanspruches ausreichend ist, begleiten Immobilienmakler nach Erbringung eines Nachweises in der Regel die Verhandlungen zwischen dem Verkäufer und dem Kaufin-

[35] Siehe § 652 Abs. 1 BGB.

teressenten weiter. Das wird nicht zuletzt auch zur Sicherung des Provisionsanspruches getan, da als Nebeneffekt so sichergestellt werden kann, dass der Makler alle Informationen bekommt, um seinen Provisionsanspruch darlegen und durchsetzen zu können. Denn der Immobilienmakler trägt im Streitfall die Darlegungs- und Beweislast für das Entstehen seines Anspruches auf die Maklerprovision.

Da Kaufverträge über Immobilien der notariellen Beurkundung bedürfen (zwingende Formvorschrift),[36] entsteht der Anspruch des Immobilienmaklers auf die Provision nach der gesetzlichen Regelung keinesfalls vor notarieller Beurkundung des Kaufvertrages.

Wenn der Verkäufer die Kaufvertrags- und Kaufpreisverhandlungen mit dem Interessenten nicht selbst führt, sondern durch den Makler führen lässt, so hat das noch eine rechtliche Nebenwirkung, die bedacht werden muss: Der Bundesgerichtshof hat entschieden, dass der Immobilienmakler, dem von einer späteren Kaufvertragspartei die Führung der wesentlichen Vertragsverhandlungen überlassen worden war, als Erfüllungsgehilfe seines Auftraggebers bei der Erfüllung der vorvertraglichen Sorgfaltspflichten anzusehen ist.[37] Das kann weit reichende Konsequenzen für den Verkäufer und den Immobilienmakler haben, wenn bei den Verhandlungen für den Verkäufer falsche Tatsachen und Informationen zur Grundlage gemacht werden. In einer solchen Situation sollte der Immobilien-

---

[36] Siehe § 311b Abs. 1 BGB.

[37] Bundesgerichtshof, Urteil vom 27. 11. 1998, abgedruckt in Neue Juristische Wochenschrift 1999, S. 638 ff.

makler besonders sorgfältig darauf achten, dass alle für die Verhandlungen erheblichen Informationen und Fakten sorgfältig recherchiert und belegt sind. Anderenfalls läuft der Verkäufer Gefahr, vom Käufer auf Schadensersatz in Anspruch genommen zu werden. Der Immobilienmakler hingegen läuft Gefahr vom Verkäufer in Regress genommen zu werden.

3.2.2 Zustandekommen des Maklervertrages

Der Maklervertrag **mit dem Verkäufer** wird in der Regel ausführlich besprochen und in Form einer Vertragsurkunde schriftlich fixiert, die von beiden Vertragsparteien unterzeichnet wird. Bei einem qualifizierten Alleinauftrag ist die Schriftform insbesondere Wirksamkeitsvoraussetzung.[38] Bei einem einfachen Maklerauftrag ist die Schriftform hingegen keine Wirksamkeitsvoraussetzung.

In der Praxis erfolgt der Abschluss eines Maklervertrages **mit dem Käufer** in der Regel dadurch, dass der Makler dem Kaufinteressenten ein Exposé der Immobilie zusendet, in dem unmissverständlich auf die Provisionspflichtigkeit der Maklertätigkeit gegenüber dem Käufer hingewiesen und die Höhe der Provision angegeben wird. Der Kaufinteressent stimmt diesem Angebot auf Abschluss eines Maklervertrages in der Regel durch widerspruchslose Entgegennahme des Exposés und nachfolgender Maklerleistungen (z.B. Besichtigungstermine) zu.[39]

---

[38] Siehe Abschnitt 3.2.3 auf den nachfolgenden Seiten.

[39] Siehe etwa Bundesgerichtshof, Urteil v. 3.5.2012, abgedruckt in Neue Juristische Wochenschrift 2012, S. 2268 ff.

3.2.3 Gestaltungsmöglichkeiten beim Maklervertrag

Es ist möglich, von der gesetzlichen Ausprägung des Maklervertrages Abweichungen zu vereinbaren. Dabei sind allerdings die bestehenden Grenzen der Vertragsfreiheit und insbesondere die verbraucherschutzrechtlichen Regelungen zu beachten. Daraus ergibt sich ein gesetzlich vorgegebener Spielraum für die Ausgestaltung des Maklervertrages. Die Kenntnis dieser Grenzen ist hilfreich, um den vorhandenen Spielraum möglichst gut auszunutzen. Vor diesem Hintergrund stelle ich Ihnen im Folgenden die Gestaltungsmöglichkeiten im Überblick dar.

Denkbar ist z. B. die Vereinbarung, dass der Immobilienmakler für die entfalteten Bemühungen auch dann eine Aufwandsentschädigung erhalten soll wenn es nicht zum Kaufvertragsabschluss kommt.[40] Sehr verbreitet sind Regelungen, die den Immobilienmakler verpflichten, tatsächliche Vermittlungsbemühungen zu entfalten und ihm dafür im Gegenzug einen gewissen Grad an Exklusivität zusichern (Alleinauftrag). Diese in der Praxis sehr wichtige Vertragsvariante wird im folgenden Abschnitt ausführlich besprochen.

Alleinauftrag (einfacher und qualifizierter)

Der Alleinauftrag des Immobilienmaklers ist im Gesetz nicht geregelt. Er wurde von der Praxis entwickelt, um bestimmte Bedürfnisse des Maklers und des Verkäufers zu adressieren, die in der gesetzlichen Ausprägung zu kurz

[40] Siehe § 652 Abs. 2 BGB. In diesem Fall hätte der Maklervertrag eine dienstrechtliche Komponente, so dass neben den §§ 652 – 655 BGB insoweit die §§ 611 ff. BGB zur Anwendung kommen.

kommen. Ein Alleinauftrag wird nur mit dem Immobilienverkäufer und niemals mit dem Kaufinteressenten geschlossen.

Ein Alleinauftrag unterscheidet sich vom einfachen Maklervertrag dadurch, dass der Makler zum Tätigwerden verpflichtet wird, während der Auftraggeber im Gegenzug für die Laufzeit des Vertrages auf die Einschaltung anderer Makler verzichten muss und dem beauftragten Makler insoweit Exklusivität einräumt. Das Recht des Auftraggebers, sich selbst parallel um den Verkaufsabschluss zu bemühen, bleibt bei einem **einfachen Alleinauftrag** bestehen.[41] Der Alleinauftrag hat darüber hinaus eine Erweiterung des Pflichtenkreises des Maklers zur Folge. So ist der Makler z.B. verpflichtet, den Kunden über den am Markt erzielbaren Kaufpreis zutreffend zu beraten.[42]

Beim **qualifizierten Alleinauftrag** wird darüber hinaus vereinbart, dass dem Immobilienverkäufer neben dem Verbot der Einschaltung anderer Makler auch das Eigengeschäft mit Interessenten ohne Einbeziehung des Maklers untersagt ist.[43] Häufig wird vereinbart, dass der Verkäufer Interessenten, die sich direkt an ihn gewendet haben, an den Makler verweisen muss. Hält sich der Verkäufer nicht an die vereinbarten Spielregeln, so sehen die Verträge in der Regel eine Verpflichtung zum pauschalisierten Schadensersatz vor. Der Schadensersatz entspricht

---

[41] Siehe z.B. Oberlandesgericht Hamm, Urteil v. 15.05.1997, abgedruckt in Neue Juristische Wochenschrift-RR 1998, S. 842 ff.

[42] Siehe Oberlandesgericht Düsseldorf, Urteil v. 10.05.1996, abgedruckt in Neue Juristische Wochenschrift-RR 1997, S. 1278 ff.

[43] Siehe Oberlandesgericht Hamm, Urteil v. 15.05.1997, abgedruckt in Neue Juristische Wochenschrift-RR 1998, S. 842 ff.

dann der Höhe nach der entgangenen Erfolgsprovision durch den vertragswidrigen Alleingang des Verkäufers.

Der qualifizierte Alleinauftrag ist für den Immobilienmakler ein sehr nützliches Instrument, um vergebliche Bemühungen bei der Suche nach einem Immobilienkäufer zu vermeiden. Denn aufgrund des Verbotes der Einschaltung anderer Makler durch den Verkäufer steht er nicht in einer Konkurrenzsituation, die auf einen Wettlauf hinauslaufen kann, welcher Makler als Erster einen Kaufvertragsabschluss zustande bringt.

Darüber hinaus werden durch einen qualifizierten Alleinauftrag Rechtsstreitigkeiten mit dem Verkäufer und mit anderen Immobilienmaklern vermieden. Diese treten häufig dann auf, wenn mehrere Makler gleichzeitig eine Immobilie am Markt vermitteln und später mit dem Verkäufer darüber streiten, welcher Makler die für den Vertragsabschluss zumindest mitursächlichen Nachweis- oder Vermittlungsleistungen erbracht hat. Sie sollten daher nach Möglichkeit einen qualifizierten Alleinauftrag mit dem Verkäufer anstreben.

Der qualifizierte Alleinauftrag kann nicht wirksam mittels Mustervertrag (Allgemeine Geschäftsbedingung) vereinbart werden, der dem Verkäufer vom Makler ohne Verhandlungsbereitschaft über den Inhalt zur Bedingung gestellt wird.[44] Darüber hinaus wird es für erforderlich gehal-

---

[44] Siehe Oberlandesgericht Hamm, Urteil v. 15.05.1997, abgedruckt in Neue Juristische Wochenschrift-RR 1998, S. 842 ff. und Oberlandesgericht Hamm, Beschluss v. 26.05.1995, abgedruckt in Neue Juristische Wochenschrift-RR 1996, S. 1526 f. und Oberlandesgericht Frankfurt a. M., Urteil v. 02.11.2000, abgedruckt in Neue Juristische Wochenschrift-RR 2002, S. 1062 ff.

ten, dass der Immobilienmakler den Kunden über die Reichweite und die Bedeutung der Vereinbarungen eines qualifizierten Alleinauftrages aufklärt.[45] Der qualifizierte Alleinauftrag kann darüber hinaus nicht zeitlich unbefristet vereinbart werden. Wenn keine Vereinbarung über die zeitliche Befristung im Vertrag festgeschrieben ist, so gilt gleichwohl eine angemessene Befristung im Wege der ergänzenden Vertragsauslegung als vereinbart.[46] Wie lang eine angemessene Befristung sein sollte, hängt von den Umständen des Einzelfalles ab und kann nicht pauschal und allgemeingültig bestimmt werden.

Während der laufenden Befristung kann der Verkäufer den Alleinauftrag des Maklers (in Abweichung von der gesetzlichen Ausprägung des Maklervertrages) nicht ordentlich kündigen. Gegen eine vertragswidrig gleichwohl erfolgende ordentliche Kündigung während der Festlaufzeit kann sich der Immobilienmakler mit der Vereinbarung einer Vertragsstrafe schützen. Ein Schadensersatzanspruch wegen vertragswidrigen Verhaltens des Käufers wird ihm in einem solchen Fall wenig helfen, weil es sehr schwierig ist, in solchen Fälle einen Schaden nachzuweisen.[47] Hinsichtlich der Höhe der Vertragsstrafe und hinsichtlich der Art der Vereinbarung (Individualvereinbarung oder Allgemeine Geschäftsbedingungen)[48] sind je-

---

[45] Christoph Hamm in Maklerrecht, 6. Auflage, München 2012, RdNr. 965 und Bundesgerichtshof, Urteil v. 23.04.1996, abgedruckt in Neue Juristische Wochenschrift 1969, S. 1625 f.

[46] Christoph Hamm in Maklerrecht, 6. Auflage, München 2012, RdNr. 972

[47] Christoph Hamm in Maklerrecht, 6. Auflage, München 2012, RdNr. 980

[48] Siehe insbesondere § 309 Nr. 6 BGB.

doch rechtliche Vorgaben zu beachten.[49]

Da ein qualifizierter Alleinauftrag jedoch nicht wirksam als Mustervertrag ohne Verhandlungsbereitschaft des Maklers einseitig gestellt werden kann, sollten Sie mit dem Kunden über den Inhalt der Vereinbarungen sprechen und die individuellen Verhandlungen über den Vertrag nach Möglichkeit auch dokumentieren. Ansonsten laufen Sie Gefahr, einen unwirksamen Vertrag zu schließen.

Sie können gegenüber dem Verkäufer durchaus gute Argumente für den Abschluss eines qualifizierten Alleinauftrages vorbringen. Sie können den Verkäufer z.B. dadurch überzeugen, dass Sie ihm deutlich machen, dass durch die Exklusivität sichergestellt ist, dass Sie als Makler umfangreiche Vermittlungsbemühungen entfalten, die vor dem Hintergrund der zeitlichen Befristung häufig zu einem schnelleren Kaufvertragsabschluss führen als nichtexklusive Bemühungen von Maklern. Es ist für die erfolgreiche Vermarktung zu einem für den Verkäufer optimalen Kaufpreis in der Regel schädlich, wenn die Immobilie sehr lange am Markt präsent ist und angeboten wird. Die Kehrseite der Medaille ist, dass den Immobilienmakler beim Alleinauftrag gesteigerte Beratungs- und Sorgfaltspflichten treffen.[50] Dazu gehört etwa die Verpflichtung, den Verkäufer über den erzielbaren Verkaufspreis eingehend zu bera-

---

[49] Siehe Christoph Hamm in Maklerrecht, 6. Auflage, München 2012, RdNr. 980 und Bundesgerichtshof, Urteil v. 22. 2. 1967, abgedruckt in Neue Juristische Wochenschrift 1967, S. 1225 ff.

[50] Christoph Hamm in Maklerrecht, 6. Auflage, München 2012, RdNr. 980

ten.[51]

Vorsicht ist geboten, wenn der Verkäufer bereits einen Makler eingeschaltet hat und Sie als weiteren Makler kontaktiert, ohne sich von dem zuerst eingeschalteten Makler richtig getrennt zu haben. In einem solchen Fall können Sie sich als Immobilienmakler schadensersatzpflichtig machen, wenn Sie die vertraglichen Bindungen des Kunden aus dem ersten Maklervertrag nicht aufklären und den Kunden durch einen zweiten Maklervertrag der Gefahr aussetzen, am Ende des Tages zwei Maklerprovisionen zahlen zu müssen, wenn der erste Maklervertrag ein qualifizierter Alleinauftrag ist. Ein solcher Fall ist vom Oberlandesgericht Hamm zu Lasten des zweiten Maklers entschieden worden.[52]

Doppeltätigkeit für Käufer und Verkäufer

Eine Doppeltätigkeit des Immobilienmaklers sowohl für die Verkäuferseite als auch für die Käuferseite ist nach der gesetzlichen Ausprägung des Maklervertrages nur dann verboten, wenn das vertraglich vereinbart worden ist (siehe § 654 BGB).

Eine Doppeltätigkeit des Immobilienmaklers kommt häufig in der Ausprägung vor, dass der Makler einen provisions-pflichtigen Vermittlungsauftrag vom Immobilienverkäufer hat und darüber hinaus vom Käufer der Immobilie eine zusätzliche Provision für den Nachweis der Gelegenheit zum Abschluss des Kaufvertrages vereinbart.

---

[51] Oberlandesgericht Düsseldorf, Urteil v. 10.05.1996, abgedruckt in Neue Juristische Wochenschrift-RR 1997, S. 1278 ff.

[52] Siehe Oberlandesgericht Hamm, Urteil v. 15.05.1997, abgedruckt in Neue Juristische Wochenschrift-RR 1998, S. 842 ff.

Diese Praxis ist nur dann unzulässig, wenn der Vermittlungsauftrag mit dem Verkäufer die zusätzliche Maklertätigkeit gegenüber dem Käufer ausdrücklich ausschließt oder wenn die zusätzliche Maklertätigkeit für die andere Vertragspartei mit den rechtlichen Pflichten des Maklers gegenüber dem Verkäufer kollidiert.

Wenn der Maklerauftrag des Verkäufers kein ausdrückliches Verbot der zusätzlichen Maklertätigkeit für den Käufer enthält, kann es angezeigt sein, nach der Art der zusätzlichen Tätigkeit des Maklers für den Käufer zu differenzieren (Nachweismaklertätigkeit oder Vermittlungsmaklertätigkeit), um zu entscheiden, ob die Pflichten des Immobilienmaklers gegenüber dem Verkäufer mit der Wahrnehmung einer Doppelmaklertätigkeit für den Käufer kollidieren.

Darüber hinaus ist in die Betrachtungen mit einzubeziehen, welchen Charakter der Auftrag des Maklers mit dem Verkäufer hat (Nachweismaklertätigkeit, Vermittlungsmaklertätigkeit, qualifizierter Alleinauftrag).[53] Bei einem qualifizierten Alleinauftrag des Verkäufers wird eine Vermittlungstätigkeit auch für den Käufer in der Regel problematisch sein, weil das mit den Pflichten des Maklers gegenüber dem Verkäufer kollidieren würde.[54] Denn der qualifizierte Alleinauftrag verpflichtet den Makler zur umfassenden Wahrnehmung der Interessen des Verkäufers. Damit würde eine inhaltsgleiche Verpflichtung gegenüber

---

[53] Christoph Hamm in Maklerrecht, 6. Auflage, München 2012, RdNr. 988 f. und Bundesgerichtshof, Urteil v. 11.11.1999, abgedruckt in Neue Juristische Wochenschrift-RR 2000, S. 430 ff.

[54] Siehe insbesondere Bundesgerichtshof, Urteil v. 11.11.1999, abgedruckt in Neue Juristische Wochenschrift-RR 2000, S. 430 ff.

dem Käufer kollidieren da die Interessen des Käufers und des Verkäufers naturgemäß nicht gleichgerichtet sondern entgegengesetzt sind. Der Käufer hat ein Interesse an einem möglichst geringen Kaufpreis und einer möglichst umfangreichen Haftung des Verkäufers für Mängel der verkauften Immobilie. Der Verkäufer hingegen hat ein Interesse an einem möglichst hohen Kaufpreis und an einem möglichst weitgehenden Ausschluss der Haftung für Mängel der Immobilie. Allein diese einfache Überlegung zeigt, dass der Makler hier nicht beide Vertragsparteien als Vermittler und Interessenvertreter betreuen kann.

Ist dem Makler gleichwohl eine Doppeltätigkeit nach den vertraglichen Regelungen gestattet, so ist er ab der Annahme des zweiten Maklerauftrages zur Neutralität verpflichtet. Auch bei einem erlaubten Doppelauftrag ist deshalb der Makler gehalten, seinen Auftraggeber - hier also beide - über all das aufzuklären, was für den Kaufvertragsentschluss bestimmend sein kann und sich aus Kaufpreisverhandlungen möglichst herauszuhalten und keine Stellung zu beziehen.[55]

Weniger problematisch erscheint eine Doppeltätigkeit des Maklers, wenn er für beide Seiten oder nur für eine Seite eine schlichte Nachweismaklertätigkeit ausübt.[56]

---

[55] Siehe Bundesgerichtshof, Urteil v. 25.10.1967, abgedruckt in Neue Juristische Wochenschrift 1968, S. 150 ff.

[56] Siehe insbesondere Bundesgerichtshof, Urteil v. 11.11.1999, abgedruckt in Neue Juristische Wochenschrift-RR 2000, S. 430 ff.

3.2.4 Voraussetzungen für wirksamen Provisionsanspruch

Wenn Sie als Immobilienmakler Geld verdienen wollen, müssen Sie Ihre Aufmerksamkeit auch auf die rechtlichen Voraussetzungen für einen wirksamen und durchsetzbaren Provisionsanspruch richten. In den folgenden Abschnitten werde ich Ihnen daher erläutern, welche Voraussetzungen zu erfüllen und wie diese am Besten nachzuweisen sind.

Abschluss des Hauptvertrages

Der Abschluss des Kaufvertrages über die Immobilie ist nach der gesetzlichen Ausprägung des Maklervertrages Voraussetzung für die Entstehung des Provisionsanspruches. Abweichungen von dieser Regelung sind selten und nur unter engen Voraussetzungen rechtlich möglich.

Darüber hinaus ist Voraussetzung für das Entstehen des Provisionsanspruches, dass die Tätigkeit des Maklers **kausal** für den Kaufvertragsabschluss ist. Dabei reicht Mitursächlichkeit in Form der Nachweismaklertätigkeit aus wenn nichts anderes vereinbart ist. Der Auftraggeber bleibt jedoch ganz frei in seiner Entscheidung, die nachgewiesene Gelegenheit zum Abschluss eines Kaufvertrages zu nutzen oder auch nicht.

Der Immobilienmakler hat auch beim Alleinauftrag keinen Anspruch darauf, dass der Auftraggeber tatsächlich einen Kaufvertrag schließt und damit das Entstehen der Maklerprovision herbeiführt. Das gilt selbst dann, wenn der Makler dem Auftraggeber einen Käufer zuführt, der zu günstigeren Konditionen einen Kaufvertrag zu schließen bereit ist als von dem Auftraggeber bei Beauftragung des

Maklers angestrebt.[57]

Für den Immobilienmakler bedeutet das, dass er das Risiko nutzloser Aufwendungen trägt, wenn ein Immobilieneigentümer nicht wirklich den Verkauf beabsichtigt sondern nur den Marktwert seiner Immobilie austesten will. Gegen eine solche Falle können Sie sich als Makler nur durch gute Menschenkenntnis schützen oder durch Vereinbarungen, dass der Auftraggeber den Aufwand des Maklers auch dann zu ersetzen hat, wenn es nicht zu einem Kaufvertragsabschluss kommt. Verlangt werden können aber allenfalls vergebliche Aufwendungen. Die Vereinbarung der Provision als Vertragsstrafe scheidet regelmäßig aus.[58]

Darüber hinaus ist es auch denkbar, einen Schadensersatzanspruch gegen den Auftraggeber geltend zu machen, der Sie als Makler nicht über die Aufgabe der Verkaufsabsicht oder über eine zu keiner Zeit bestehenden Verkaufsabsicht in Kenntnis setzt.[59] Es liegt auf der Hand, dass die Realisierung eines solchen Schadensersatzanspruches jedoch in der Praxis schwierig ist und meistens an Beweisschwierigkeiten scheitert.

Keine Provisionshindernisse

Trotz Abschluss eines wirksamen Kaufvertrages durch den Maklerkunden kann jedoch gleichwohl ein Hindernis für das Entstehen des Anspruches des Immobilienmaklers

---

[57] Christoph Hamm in Maklerrecht, 6. Auflage, München 2012, RdNr. 992

[58] Christoph Hamm in Maklerrecht, 6. Auflage, München 2012, RdNr. 993

[59] Christoph Hamm in Maklerrecht, 6. Auflage, München 2012, RdNr. 993

auf die Provisionszahlung bestehen. Die verschiedenen Fallgruppen von solchen provisionshindernden Umständen werden in den folgenden Abschnitten besprochen.

Verflechtung des Maklers mit Vertragspartei

Grundsätzlich setzt ein Maklervertrag ein Dreiecksverhältnis voraus. Daran kann es fehlen, wenn der Makler im Lager einer der Vertragsparteien steht. Die Rechtsprechung des Bundesgerichtshofes geht davon aus, dass jede Maklertätigkeit notwendigerweise das Zusammenwirken von drei Personen voraussetzt, nämlich der Parteien des Hauptvertrages und des Maklers. Von einer Vermittlung kann daher nur dann gesprochen werden, wenn der Vermittler "in der Mitte" zwischen beiden Hauptvertragsparteien steht, also nicht mit einer von ihnen identisch ist. Nur dann ist es ihm möglich, auf die Willensentschließung des vorgesehenen Vertragspartners seines Kunden (des "Dritten") einzuwirken.[60]

Daraus folgt, dass eine Maklerprovision jedenfalls dann nicht gefordert werden kann, wenn der Makler selbst Partei des Hauptvertrages wird indem er z.B. das zu vermittelnde Objekt selbst erwirbt. Darüber hinaus gibt es Fallgestaltungen, die weniger eindeutig von der Grundkonstellation eines Dreiecksverhältnisses abweichen, das prägend für die Maklerleistung ist. Das sind Fälle der sogenannten Verflechtung des Maklers mit einer Partei des Kaufvertrages. Bei der Verflechtung des Maklers sind die echte und die unechte Verflechtung zu unterscheiden.

---

[60] Siehe Bundesgerichtshof, Urteil v. 24.04.1985, abgedruckt in Neue Juristische Wochenschrift 1985, S. 2473 ff.

Die **echte Verflechtung** liegt vor, wenn der Makler seinem Auftraggeber einen Kaufvertrag mit einer Person nachweist oder vermittelt, mit der der Makler gesellschaftsrechtlich oder auf sonstige Weise wirtschaftlich verflochten ist.[61] Eine Verflechtung ist in der Regel bei einer nicht unerheblichen Beteiligung des Maklers an einer Partei des Hauptvertrages gegeben.[62] Darüber hinaus kann eine Verflechtung auch ohne erhebliche gesellschaftsrechtliche Beteiligung vorliegen, wenn der Makler über eine wirtschaftliche oder sonstige Beherrschungsmöglichkeit der Vertragspartei seines Auftraggebers verfügt.[63] Entscheidend ist insgesamt, dass aufgrund der Beteiligung oder anderweitigen Einflussmöglichkeit des Maklers die abstrakte oder konkrete Gefahr einer Interessenkollision besteht.[64]

Der Bundesgerichtshof hat deshalb eine provisionsschädliche echte Verflechtung dann angenommen, wenn ein Makler einen Vertrag mit einer von ihm beherrschten Kapitalgesellschaft vermittelt oder wenn es sich sowohl bei dem Makler als auch bei dem Dritten um Kapitalgesellschaften handelt, die von ein und derselben Person wirt-

---

[61] Christoph Hamm in Maklerrecht, 6. Auflage, München 2012, RdNr. 645

[62] Siehe Bundesgerichtshof, Urteil v. 24.04.1985, abgedruckt in Neue Juristische Wochenschrift 1985, S. 2473 ff. und Bundesgerichtshof, Urteil v. 08.11.1990, abgedruckt in Neue Juristische Wochenschrift 1991, S. 360 ff.

[63] Christoph Hamm in Maklerrecht, 6. Auflage, München 2012, RdNr. 650

[64] Christoph Hamm in Maklerrecht, 6. Auflage, München 2012, RdNr. 647

schaftlich beherrscht werden.[65]

Eine **unechte Verflechtung** liegt vor, wenn es trotz fehlender Beherrschungsmöglichkeit einer Vertragspartei durch den Makler eine Verbindung zwischen dem Makler und der Vertragspartei des Auftraggebers gibt, die eine unbeeinflusste und freie Willensbildung unmöglich macht und damit zu einem institutionalisierten Interessenkonflikt führt, der den Makler zur Wahrnehmung der Interessen seines Auftraggebers ungeeignet erscheinen lässt, weil er sich im Konfliktfall auf die Seite des Vertragsgegners schlagen würde.[66] Bei einer solchen Fallgestaltung entfällt der Anspruch des Maklers auf Provision ebenfalls. Eine solche provisionsschädliche unechte Verflechtung wird z.B. angenommen, wenn der WEG - Verwalter einen Kaufvertrag über eine verwaltete Eigentumsverwohnung vermittelt und die Gemeinschaftsordnung vorsieht, dass der Verkauf der Wohnung der Zustimmung des Verwalters gemäß § 12 WEG bedarf.[67]

Die denkbaren Fallgestaltungen einer provisionsschädlichen Verflechtung sind sehr vielschichtig und facettenreich. Daher kommt es immer auf die Umstände des Einzelfalles an.

---

[65] Siehe Bundesgerichtshof, Urteil v. 08.11.1990, abgedruckt in Neue Juristische Wochenschrift 1991, S. 360 ff.

[66] Christoph Hamm in Maklerrecht, 6. Auflage, München 2012, RdNr. 656 und Bundesgerichtshof, Urteil v. 12. 3. 1998, abgedruckt in Neue Juristische Wochenschrift 1998, S. 1552 ff.

[67] Christoph Hamm in Maklerrecht, 6. Auflage, München 2012, RdNr. 662 und Bundesgerichtshof, Urteil v. 06. 02. 2003, abgedruckt in Neue Juristische Wochenschrift 2003, S. 1249 ff.

Vorkenntnis des Käufers

Wenn der Maklerkunde bereits Vorkenntnis von der Kaufgelegenheit einer Immobilie hatte, so kann das ein provisionsschädlicher Umstand für die Tätigkeit des Maklers sein. Denn der Nachweis der Gelegenheit zum Abschluss eines Kaufvertrages über eine Immobilie setzt voraus, dass der Nachweis des Maklers zumindest mitursächlich für den späteren Vertragsschluss ist. Wenn nun der Maklerkunde bereits Vorkenntnis hatte, so kann es daran fehlen.

Die Vorkenntnis des Kunden schließt jedoch den Anspruch des Nachweismaklers auf die Provision nicht in jedem Fall aus. Es gibt Fallgestaltungen, in denen der Maklerkunde zwar Vorkenntnis von einem Objekt und von einem Verkäufer hat, sich aber gleichwohl nicht auf diese Vorkenntnis berufen kann um den Anspruch des Maklers auf die Provision abzuwehren. Wenn der Maklerkunde seine Vorkenntnis beim Erstkontakt sofort offen legt und keine Maklerleistungen in Anspruch nimmt, dann ist eindeutig kein Anspruch des Maklers gegeben. Wenn jedoch der Maklerkunde sich die Leistungen des Maklers gefallen lässt und erst zu einem späteren Zeitpunkt eine tatsächliche oder vermeintliche Vorkenntnis offen legt, dann ist der Maklerkunde in der Regel verpflichtet, trotz der Vorkenntnis eine Provision zu zahlen.[68]

---

[68] Siehe z.B. Christoph Hamm in Maklerrecht, 6. Auflage, München 2012, RdNr. 271 ff. und Oberlandesgericht Jena, Urteil vom 3. 8. 2005, abgedruckt in Neue Juristische Wochenschrift-RR 2005, S. 1509 ff und Bundesgerichtshof, Urteil vom 4.10.1995, abgedruckt in Neue Juristische Wochenschrift-RR 1996, S. 114 ff.

Beweisschwierigkeiten des Maklers

Für Sie als Immobilienmakler ist es besonders ärgerlich, wenn Sie Ihre Leistungen vollständig erbracht haben und nach der Sachlage einen Anspruch auf die Provision haben, aber diesen aufgrund von Beweisschwierigkeiten gegen den Kunden nicht durchsetzen können.

In diesem Zusammenhang ist die Erkenntnis wichtig, dass Sie als Anspruchssteller auf die Maklerprovision beweispflichtig sind für das Entstehen des Anspruches. Der Anspruchsgegner ist dagegen beweispflichtig für behauptete Provisionshindernisse wie z.B. eine Vorkenntnis des nachgewiesenen Objektes.

Sie sollten daher von Anfang an darauf achten, dass Sie alle provisionsbegründenden Tatsachen dokumentieren und belegen können. Dazu gehören (wie oben ausgeführt) der Abschluss eines Maklervertrages mit dem Kunden, der Abschluss eines Kaufvertrages über die nachgewiesene bzw. vermittelte Immobilie und die (Mit-)Ursächlichkeit Ihrer Maklertätigkeit für den Abschluss des Kaufvertrages.

Den Abschluss eines Maklervertrages mit dem **Verkäufer** können Sie in der Regel sehr gut dokumentieren durch einen schriftlich fixierten Maklervertrag mit diesem (nach Möglichkeit ein qualifizierter Alleinauftrag).

Wenn Sie eine Maklerprovision (auch) gegen Käufer durchsetzen wollen, dann benötigen Sie darüber hinaus die Dokumentation eines Maklervertrages mit dem Käufer. In der Praxis erfolgt der Abschluss eines Maklervertrages mit dem Käufer in der Regel dadurch, dass der Makler dem Kaufinteressenten ein Exposé der Immobilie zusendet, in dem unmissverständlich auf die Provisionspflichtigkeit der Maklertätigkeit gegenüber dem Käufer hingewiesen und die Höhe der Provision angegeben wird. Der Kaufinteressent stimmt diesem Angebot auf Abschluss eines Maklervertrages in der Regel durch widerspruchslose Entgegennahme des Exposés und nachfolgender Maklerleistungen (z.B. Besichtigungstermine) zu.[69] Daher ist es in diesen Fällen wichtig, dass Sie die Abläufe und Ereignisse gut dokumentieren und im Ernstfall die Belege griffbereit haben.

Die Kausalität Ihrer Nachweistätigkeit für den Abschluss Kaufvertrages über die Immobilie können Sie z. B. dadurch dokumentieren, dass Sie darauf hinwirken, dass eine Maklerprovisionsklausel in den notariellen Immobilienkaufvertrag aufgenommen wird. Da jedoch die Vertragsparteien (Käufer und Verkäufer) Herren der inhaltlichen Gestaltung des Kaufvertrages sind, können Sie dieses Ziel nicht immer erreichen. Wenn der Käufer oder der Verkäufer die Aufnahme einer solchen Klausel in den Kaufvertrag ablehnt, dann müssen Sie die Kausalität Ihrer Maklerleistungen für Kaufvertragsschluss anders dokumentieren und belegen. Das können Sie in einem solchen Fall dann durch die lückenlose Dokumentation Ihrer Maklerleistungen vom Erstkontakt bis zum notariellen Kaufvertragsschluss tun. Dadurch ist im Normalfall die Mitursächlichkeit der Maklertätigkeit für den Kaufvertragsschluss hinreichend dargelegt und bewiesen.

Wenn der Anspruchsgegner die Zahlung der Provision gleichwohl verweigert und provisionsschädliche Umstän-

[69] Siehe etwa Bundesgerichtshof, Urteil v. 3.5.2012, abgedruckt in Neue Juristische Wochenschrift 2012, S. 2268 ff.

de behauptet (z.B. Vorkenntnis oder eine Verflechtung des Maklers mit der anderen Vertragspartei), dann können Sie sich zunächst auf den Standpunkt zurückziehen, diese Behauptung zu bestreiten da Sie für provisionsschädliche Umstände nicht darlegungs- und beweispflichtig sind. Wenn Sie den Anspruchsgegner in einem solchen Fall auffordern, Belege und Beweise für seine Behauptung vorzulegen, so wird sich in der Regel schnell klären lassen, ob der Anspruchsgegner seine Behauptungen tatsächlich belegen und beweisen kann.

Verwirkung des Provisionsanspruches

Schließlich kann ein Anspruch des Immobilienmaklers auf die Provision trotz Vorliegen aller Voraussetzungen für das Entstehen des Anspruches verwirkt werden. Die Verwirkung ist anerkannt für bestimmte Fallgestaltungen, in denen sich der Makler vertragswidrig verhält.

Eine solche Verwirkung ist ausdrücklich im Gesetzestext nur für den Fall geregelt, dass der Makler entgegen der vertraglichen Vereinbarungen auch für die andere Seite tätig wird.[70] Es ist jedoch in ständiger Rechtsprechung des Bundesgerichtshofes anerkannt, dass diese gesetzliche Regelung über den Wortlaut hinaus auch auf andere Fallgestaltungen Anwendung findet, in denen dem Makler treuwidriges Verhalten oder Parteiverrat vorgeworfen werden kann. In einem solchen Fall wird der Richter die Verwirkung des Anspruches von Amts wegen berücksichtigen wenn der Sachverhalt einen solchen Vorwurf untermauert. Es ist nicht erforderlich, dass sich eine Prozesspartei auf

---

[70] Siehe § 654 BGB.

die Verwirkung beruft. Da die Verwirkung des Anspruchs Strafcharakter hat, ist auch nicht erforderlich dass dem Maklerkunden durch das treuwidrige und vorwerfbare Verhalten des Maklers ein Schaden entstanden ist.

Eine Verwirkung liegt z. B. vor, wenn der Makler mit dem Verkäufer eine höhere Maklerprovision vereinbart, nachdem der Käufer sich im Kaufvertrag verpflichtet hat, die Maklerprovision des Verkäufers zu übernehmen.[71] Ein weiterer anerkannter Fall der Verwirkung ist das Verschweigen der dem Makler bekannten Bereitschaft eines anderen Interessenten zur Zahlung eines höheren Kaufpreises.[72]

3.3 Reservierungsvereinbarung

Eine Reservierungsvereinbarung ist die Vereinbarung des Immobilienmaklers mit einem Kaufinteressenten, die Immobilie für einen vereinbarten Zeitraum nicht mehr am Markt anzubieten und alle anderen Nachweis- und Vermittlungsbemühungen befristet einzustellen. Damit soll dem Interessenten für den vereinbarten Zeitraum Exklusivität hinsichtlich der Kaufvertragsverhandlungen mit dem Verkäufer eingeräumt werden.[73]

Eine solche Vereinbarung ist nur dann möglich, wenn der Immobilienmakler mit dem Verkäufer einen qualifizierten Alleinauftrag geschlossen hat, da er nur dann die

---

[71] Oberlandesgericht Hamm, Urteil v. 23.6.1986, abgedruckt in Neue Juristische Wochenschrift – RR 1988, S. 689 ff.

[72] Oberlandesgericht Frankfurt a. M., Urteil v. 22.6.2001, abgedruckt in Neue Juristische Wochenschrift – RR 2002, S. 779 ff.

[73] Christoph Hamm in Maklerrecht, 6. Auflage, München 2012, RdNr. 844

tatsächliche Macht hat, Exklusivität der Verhandlungen mit dem Verkäufer einzuräumen.[74] Ohne einen qualifizierten Alleinauftrag kann er gar nicht sicherstellen, dass die Immobilie nicht weiter von anderen Maklern oder vom Verkäufer selbst am Markt angeboten wird.

Es wird kontrovers diskutiert, unter welchen Voraussetzungen solche Vereinbarungen rechtlich wirksam sind und ob es rechtlich zulässig ist, in einer solchen Reservierungsvereinbarung eine Vergütungspflicht des Immobilieninteressenten für die Reservierung zu vereinbaren.[75] Die rechtliche Zulässigkeit einer Reservierungsvereinbarung ist grundsätzlich von der Zustimmung des Verkäufers der Immobilie abhängig, mit dem der Makler einen qualifizierten Alleinauftrag geschlossen haben muss. Denn der Alleinauftrag verpflichtet den Makler zur aktiven Vermarktung der Immobilie. Bei Abschluss einer Reservierungsvereinbarung werden jedoch die Vermarktungsbemühungen befristet eingestellt. Darüber hinaus ist anerkannt, dass eine Reservierungsvereinbarung zeitlich befristet sein muss.

Die Vereinbarung einer Vergütungspflicht des Käufers, die unabhängig vom tatsächlichen Abschluss des Kaufvertrages ist und die nicht auf die Maklerprovision für den Abschluss des Kaufvertrages angerechnet wird, ist nach Auffassung der Rechtsprechung nicht in Allgemeinen Geschäftsbedingungen sondern nur mittels individuell aus-

---

[74] Siehe Oberlandesgericht Hamm, Urteil v. 08.11.1990, abgedruckt in Neue Juristische Wochenschrift 1991, S. 360 ff.

[75] Christoph Hamm in Maklerrecht, 6. Auflage, München 2012, RdNr. 844

gehandelter Vereinbarung möglich.[76] Wenn das vereinbarte Reservierungsentgelt 10 % der im Erfolgsfalle zu zahlenden Maklerprovision übersteigt, bedarf die Reservierungsvereinbarung für die Wirksamkeit darüber hinaus der notariellen Beurkundung.[77]

Wie Sie sehen, sind die Hürden für eine rechtlich wirksame Reservierungsvereinbarung und für die Vereinbarung eines Zusatzentgeltes hoch.

3.4 Problemherd „AGB-Rechtsprechung"

Wenn Sie als Makler mit Musterverträgen arbeiten, die Sie Ihren Kunden zur Unterzeichnung vorlegen, dann sind Sie unter bestimmten Voraussetzungen **Verwender von Allgemeinen Geschäftsbedingungen** (auch wenn Sie das Vertragswerk nicht so nennen). Das ist insbesondere dann der Fall, wenn über den Inhalt der Musterverträge nicht mehr verhandelt wird („Vogel friss oder stirb!").

Als Verwender von Allgemeinen Geschäftsbedingungen unterfallen Sie dem Anwendungsbereich der gesetzlichen Regelungen der §§ 305 ff. des Bürgerlichen Gesetzbuches (BGB). Das gilt jedenfalls für den Normalfall, dass Ihr Maklerkunde beim Verkauf bzw. beim Kauf der Immobilie

---

[76] Christoph Hamm in Maklerrecht, 6. Auflage, München 2012, RdNr. 848 und Bundesgerichtshof, Urteil v. 23.09.2010, abgedruckt in Neue Juristische Wochenschrift 2010, S. 3568

[77] Christoph Hamm in Maklerrecht, 6. Auflage, München 2012, RdNr. 849 und Bundesgerichtshof, Urteil v. 10.02.1988, abgedruckt in Neue Juristische Wochenschrift 1988, S. 1716 ff.

als Verbraucher tätig wird und nicht gewerblich.[78]

Diese Regelungen des BGB enthalten diverse Schutzvorschriften für Verbraucher, die dazu führen, dass nicht jeder zur Vertragsgrundlage gemachte Text tatsächlich wirksamer Bestandteil des Vertrages wird. Vielmehr sind bestimmte Klauseln unwirksam, die den Vertragspartner unter Abweichung vom gesetzlichen Leitbild des Maklervertrages unangemessen benachteiligen. Der Gesetzestext selbst ist durch umfangreiche Rechtsprechung konkretisiert worden, die schier unüberschaubar ist.

Das bedeutet im Klartext, dass Sie als Immobilienmakler keine grenzenlose Freiheit haben, alles in Ihre Musterverträge hineinzuschreiben, was Sie als günstig für sich ansehen. Vielmehr müssen Sie die gesetzlichen Grenzen einhalten, um wirksame Vertragsinhalte vereinbaren zu können. Wenn Sie diese Grenzen überschreiten, dann straft das Gesetz Sie damit ab, dass die gesamte Klausel unwirksam ist und ersatzlos wegfällt. Das bedeutet, dass der von Ihnen gesetzeswidrig geregelte Vertragsinhalt wegfällt und Sie auf die für den Maklerkunden günstige Gesetzesregelung zurückgeworfen werden. Eine Reduzierung der unwirksamen Klausel auf den gerade noch zulässigen Inhalt ist unzulässig und erfolgt nicht. Daher ist es in Ihrem eigenen Interesse, sich bei Ausgestaltung der Maklerverträge an die gesetzlichen Regelungen und an die Rechtsprechung zu halten.

Unzulässig ist nach den §§ 305 ff. BGB z. B. die Verein-

[78] Verbraucher ist ein Maklerkunde auch dann, wenn er eine Renditeimmobilie kauft, es sei denn, dass die Voraussetzungen eines gewerblichen Grundstückshandels vorliegen.

barung einer erfolgsunabhängigen Maklerprovision in Allgemeinen Geschäftsbedingungen. Unwirksam wäre auch eine Regelung in Allgemeinen Geschäftsbedingungen, dass der Maklerkunde sich nicht auf Vorkenntnis des vermittelten Objektes berufen kann.

3.5 Problemherd „Widerrufsbelehrung"

Dieses Thema ist in der letzten Zeit intensiv in der Presse behandelt worden und hat für erhebliche Verunsicherung sowohl bei Immobilienmaklern als auch bei Kunden gesorgt. Es geht um die Frage, ob für Maklerverträge ein Widerrufsrecht nach Fernabsatzrecht gilt. Das betrifft eine Vielzahl von Maklerverträgen, die im Internet geschlossen werden. Der Vertragsschluss erfolgt in der Regel dergestalt, dass der Makler auf einem der großen Portale ein Kurzexposé mit einem Provisionsverlangen und seinen Kontaktdaten einstellt und ein Interessent sich bei dem Makler meldet und von diesem dann das vollständige Exposé mit allen Angeben erhält.[79] Bei solchen Vertragsschlüssen war lange Zeit umstritten, ob der Maklerkunde ein Widerrufsrecht hat und, ob der Makler eine Widerrufsbelehrung erteilen muss.

Diese Frage ist durch eine Gesetzesänderung mit Wirkung zum 13.06.2014 nun dahingehend geklärt, dass bei solchen Vertragsschlüssen tatsächlich ein Widerrufsrecht besteht und der Immobilienmakler darüber eine Wider-

---

[79] Siehe Bundesgerichtshof, Urteil v. 3. 5.2012, abgedruckt in Neue Juristische Wochenschrift 2012, S. 2268 ff.

rufsbelehrung erteilen muss.[80] Aufgrund der erheblichen medialen Aufmerksamkeit, die dieses Thema auf sich gezogen hat, ist davon auszugehen, dass Maklerkunden sich künftig häufiger auf ein Widerrufsrecht berufen werden, um den Makler um die Provision zu prellen. Diese höchst unbefriedigende Lage fordert von Immobilienmaklern eine strategisch neue Aufstellung, um nicht Gefahr zu laufen, den bereits verdienten Anspruch auf die Maklerprovision durch die Ausübung eines Widerrufsrechtes wieder zu verlieren. Bei einem wirksamen Widerruf hat der Makler lediglich einen Aufwendungsersatzanspruch gegen den Maklerkunden, der zudem auch noch schwieriger durchzusetzen ist als der Provisionsanspruch.

Einen Ausweg aus diesem Dilemma bietet eine Gestaltungsmöglichkeit nach der neuen Rechtslage, die in § 356 Abs. 4 BGB enthalten ist. Demnach erlischt das Widerrufsrecht des Maklerkunden, wenn dieser der sofortigen Leistungserbringung des Maklers noch vor Ablauf der 2-wöchtigen Widerrufsfrist zugestimmt hat. Zweckmäßigerweise ist diese Zustimmung vom Kunden vor der Versendung des vollständigen Exposés einzuholen. Denn nur so kann der Makler vermeiden, dass der Kunde die vollständigen Kontaktdaten des Verkäufers erhält und unmittelbar danach den Maklervertrag widerruft, um die Provision zu sparen. Dem Verlust des Widerrufsrechtes kann der Maklerkunde aber nur dann wirksam zustimmen, wenn er vollständige und korrekte Widerrufsbelehrung erhalten hat. Daher ist die Einholung der Zustimmung des Maklerkunden zweckmäßigerweise mit der Übersendung der Wider-

---

80 Siehe § 312c BGB in neuer Fassung.

rufsbelehrung und der Allgemeinen Geschäftsbedingungen direkt nach dem Erstkontakt zu verbinden. Wie Sie sehen, hat die neue gesetzliche Regelung nur alles sehr kompliziert gemacht, aber im Ergebnis keinen besseren Verbraucherschutz gebracht. Einmal mehr zeigt sich, dass die politischen Entscheidungsträger Gefangene des Systems sind, das auf dem Glauben beruht, dass noch mehr Gesetze und Vorschriften mehr Ordnung und mehr Rechtssicherheit bringen. Genau das Gegensteil dürfte der Fall sein.

KAPITEL 4
ERSCHLIESSUNG WEITERER ERTRAGSCHANCEN DURCH ZUSATZSERVICE

Fakt ist, dass Immobilienmakler in heutiger Zeit nicht nur nach den im Vermittlungsbestand befindlichen Immobilien und nach ihrem Auftreten beurteilt werden, sondern auch nach ihren Fachkenntnissen und Serviceleistungen rund um das Thema Immobilien.

Ein Immobilienverkäufer wählt einen bestimmten Makler auch deshalb aus, weil er ihn für fachlich kompetent hält, den Verkäufer über eine Vielzahl von Fragen beim Immobilienverkauf zu beraten. Das bedeutet, dass Sie als Immobilienmakler nicht nur Vermittlungsleistungen anbieten und erbringen sondern auch über ergänzende Service- und Beratungsleistungen nachdenken sollten. Das jedenfalls erwartet ein durchschnittlicher Immobilienverkäufer von Ihnen.

Nahe liegende Felder für die Erbringung von ergänzenden Serviceleistungen des Immobilienmaklers sind Beratungsleistungen über den am Markt erzielbaren Kaufpreis bzw. Mietpreis einer Immobilie sowie grundlegende Informationen zum Ablauf einer Immobilientransaktion und zu verhandlungstaktischen Fragen. Dieser Kategorie von Fragen des Immobilienverkäufers wird sich ein Immobilienmakler bei der Akquisition und Durchführung eines Vermittlungsauftrages kaum entziehen können.

Ein weiteres Feld von Fragen stellt die bautechnische Beurteilung einer Immobilie dar. Darüber hinaus haben

Immobilienverkäufer in der Regel noch Beratungsbedarf zu rechtlichen und steuerrechtlichen Fragen im Zusammenhang mit einem Immobilienverkauf. Wenn für die Immobilie noch eine Immobilienkreditfinanzierung läuft, stellen sich darüber hinaus rechtliche und wirtschaftliche Fragen zur vorzeitigen Rückführung des Darlehens (z.B. Zahlung einer Vorfälligkeitsentschädigung). Dieser gesamte Fragenkomplex gehört nicht mehr zum Kern der Aufgaben des Immobilienmaklers, steht aber in engem Zusammenhang zum Immobilienverkauf.

Daher stellt sich für Sie als Immobilienmakler die strategische Frage, wie Sie mit diesem Fragenkomplex umgehen sollen. Ich werde Ihnen die Hintergründe und die Zusammenhänge in den folgenden Abschnitten weiter ausleuchten, damit Sie Ihre Entscheidung gut durchdacht treffen können.

4.1 Chancen und Risiken zusätzlicher Serviceleistungen

Ausgangspunkt der Überlegungen ist, dass die Erweiterung des Kernaufgabenbereichs der Vermittlungs- und Nachweisleistungen des Immobilienmaklers um weitere Service- und Beratungsleistungen Chancen und Risiken birgt.

Chancen liegen darin begründet, dass das Angebot von weitergehenden Beratungs- und Serviceleistungen häufig der Anknüpfungspunkt für die erfolgreiche Akquise eines Vermarktungsauftrages ist. Darüber hinaus liegt eine Chance darin, dass ein umfassend mit Beratungs- und Serviceleistungen versorgter Immobilienverkäufer sich besser betreut fühlen wird.

Es macht einen abweisenden und mitunter auch inkompetenten Eindruck, wenn ein Immobilienmakler z.B. auf die Frage nach der Steuerpflichtigkeit von Veräußerungsgewinnen beim Immobilienverkauf abwehrend reagiert und den (potentiellen) Kunden an einen Steuerberater verweist. Sehr schnell wird durch eine solche Reaktion dann das verbreitete Vorurteil über Immobilienmakler genährt, dass diese *„…für die simple Weitergabe einer Adresse Unsummen kassieren und keine echte Leistung bringen…“*. Für Ihren langfristigen und nachhaltigen Erfolg als Immobilienmakler sind zufriedene Kunden ein unverzichtbares Fundament. Auch insofern kann ein breiter angelegter Serviceansatz Ihnen helfen, sich von anderen Immobilienmaklern und von den verbreiteten negativen Ansichten über Immobilienmakler abzusetzen.

Risiken ergeben sich daraus, dass aus fehlerhaft erbrachten Service- und Beratungsleistungen des Maklers Schadensersatzansprüche des Kunden entstehen können. Daher sind insbesondere Fragen zu Haftungsrisiken bei der Erweiterung der Serviceleistungen z.B. um rechtliche und steuerrechtliche Beratung aufzuwerfen und einer Antwort zuzuführen.

Nach meiner Einschätzung sind solide Fachkenntnisse der beste Schutz gegen Haftungsrisiken für Beratungsleistungen. Wenn Sie fachlich und sachlich zutreffende Ratschläge und Informationen geben, dann kann Ihnen nichts passieren. Eine Haftung ist ja nur für eine inhaltlich falsche Beratung möglich. Es ist langfristig der bessere und erfolgreichere Weg, sich durch solide Fachkenntnisse zu schützen als ängstlich jeden Informations- und Beratungswunsch eines Kunden abzuwehren und in jedem zweiten Satz darauf hinzuweisen, dass Sie als Immobilienmakler keine Auskünfte geben können und sowieso für nichts haften wollen.

4.2 Beratungsleistungen des Maklers

Grundsätzlich schuldet der Immobilienmakler dem Auftraggeber nach der gesetzlichen Ausprägung des Maklervertrages nur Nachweis- oder Vermittlungsleistungen im Hinblick auf den Abschluss eines Kaufvertrages über eine Immobilie.

Eine Ausnahme besteht dann, wenn der Immobilienmakler vertraglich weitergehende Pflichten übernommen hat. Das ist z.B. der Fall beim Abschluss eines qualifizierten Alleinauftrages. Der Makler hat beim qualifizierten Alleinauftrag alles in seinen Kräften stehende zu tun, um einen für seinen Auftraggeber vorteilhaften Abschluss zu erreichen. In diesem Rahmen trifft den Immobilienmakler auch die Pflicht zur sachkundigen Beratung des Auftraggebers über den am Markt voraussichtlich erzielbaren Kaufpreis.[81] Die Einzelheiten zum Inhalt und zur Bedeutung des Alleinauftrages finden Sie weiter oben dargestellt.[82]

Wenn Sie zusätzliche Serviceleistungen gegenüber dem Auftraggeber übernehmen, dann trifft Sie insoweit die Verpflichtung, diese Leistungen so zu erbringen, dass der Auftraggeber nicht durch mangelhafte Leistungen (z.B. ei-

---

[81] Oberlandesgericht Düsseldorf, Urteil vom 10.05.1996, abgedruckt in Neue Juristische Wochenschrift - RR 1997, S. 1278 ff.

[82] Siehe Abschnitt 3.2.3.

ne inhaltlich falsche Beratung) geschädigt wird. Wenn Sie das nicht tun, machen Sie sich schadenersatzpflichtig. Sie erweitern somit durch die Übernahme zusätzlicher Leistungen auch Ihr Haftungsrisiko.

Allerdings erwartet ein durchschnittlicher Kunde Serviceleistungen von Ihnen, die über den schlichten Nachweis einer Immobilienverkaufes hinausgehen. Natürlich könnten Sie sich einfach auf den Standpunkt stellen, dass Sie kein Berater sondern nur ein Vermittler sind und jedweden Wunsch nach Information und Rat zurückweisen. Das wäre jedoch für die Gewinnung von Vermittlungsaufträgen und zufriedenen Kunden nicht hilfreich. Daher müssen Sie eine Abwägung treffen, wie viel zusätzliche Serviceleistungen Sie erbringen können, ohne sich selbst fachlich zu überfordern und damit auf gefährliches Terrain zu begeben. Je mehr Fachkenntnisse Sie haben, desto mehr Beratungsleistungen können Sie gefahrlos anbieten und damit Ihr Profil als Immobilienmakler schärfen.

Bei der Weitergabe von Informationen zu der vermittelten Immobilie (z.B. Baujahr oder erfolgte Renovierungs- und Sanierungsmaßnahmen) können Sie sich sehr einfach gegen eine Haftung schützen, wenn Sie bei der Weitergabe der Informationen (z.B. im Text eines Exposés) einen deutlich gestalteten Hinweis anbringen, dass diese Informationen vom Verkäufer der Immobilie stammen und für inhaltliche Richtigkeit und Vollständigkeit keine Haftung übernommen werden kann. Aus zwei Gründen ist es ratsam, diesen Hinweis schriftlich zu geben: Zum einen ist durch einen schriftlichen Hinweis im Exposé bereits bei der erstmaligen Weitergabe der Informationen an den

Kunden nachweisbar der Haftungsausschluss dokumentiert. Zum zweiten ist ein schriftlicher Hinweis für die Gesprächs- und Verhandlungsatmosphäre weniger belastend als wenn Sie mündlich (vielleicht sogar wiederholt) darauf hinweisen, dass Sie für die Richtigkeit der Informationen nicht haften. Das provoziert Nachfragen, warum Sie denn als Makler nicht geprüft haben, ob die Informationen inhaltlich richtig sind und ob es nicht vielleicht zielführender sein könnte, direkt mit dem Eigentümer zu sprechen, wenn der Makler ohnehin keine verbindlichen Auskünfte geben kann. In eine solche Situation sollten Sie sich als Makler möglichst nicht hineinmanövrieren.

Wenn Sie hingegen als Makler positiv wissen, dass der Verkäufer für die Erstellung des Exposés und für die Weitergabe an den Kaufinteressenten sachlich falsche Informationen gegeben hat, so sind Sie verpflichtet, dies dem Käufer mitzuteilen oder auf eine Korrektur hinzuwirken. In diesem Fall können Sie sich nicht auf den Standpunkt zurückziehen, dass Sie den Kaufinteressenten in dem Exposé darauf hingewiesen haben, dass Sie die Angaben des Verkäufers nicht auf Vollständigkeit und Richtigkeit geprüft haben.

Die Verpflichtung zur Überprüfung der Angaben bzw. zur Mitteilung von Zweifeln an den Käufer trifft Sie als Makler auch dann, wenn Sie zwar keine positive Kenntnis von der Unkorrektheit der Angaben haben, aber Zweifel an der Richtigkeit der Informationen des Verkäufers. Solche Zweifel können sich z.B. aufdrängen, wenn die Angaben des Verkäufers in sich widersprüchlich sind oder mit Ihnen bekannten Fakten aus Unterlagen im Widerspruch stehen.

Solche Fälle sind in der Praxis gar nicht so selten und führen häufig zu Rechtsstreitigkeiten, bei denen dann auch der Makler in die „Schusslinie" geraten kann. Insbesondere müssen Sie damit rechnen, dass der Verkäufer Ihnen im Ernstfall Vorwürfe machen und versuchen wird, Ihnen die Verantwortung für sachlich falsche Angaben anzulasten. Selbst wenn eine Regressforderung gegen Sie als Makler abgewehrt werden kann, so werden Sie aufgrund der negativen Äußerungen der unzufriedenen Kunden als Makler nicht schadlos aus einer solchen Sache herauskommen. Ein Reputationsschaden hat in der Regel langfristige und nachhaltige schädliche Auswirkungen auf Ihr Geschäft. Das sollte Ihnen vor Augen führen, dass es keine Option darstellt, Zweifel an der Richtigkeit der Angaben des Verkäufers zu ignorieren und sich blind zu stellen.

4.2.1 Bautechnische Beratung

Eine bautechnische Beratung wird insbesondere beim Kauf von gebrauchten Bestandsimmobilien von den Käufern häufig nachgefragt. Eine belastbare Aussage zum bautechnischen Zustand einer Immobilie erfordert jedoch profundes Fachwissen, über das in der Regel nur ausgebildete Architekten und Bauingenieure verfügen.

Wenn Sie von einem Kaufinteressenten in dieser Hinsicht um Rat gebeten werden, dann sollten Sie für sich selbst schon Überlegungen angestellt haben, wie Sie mit solchen Servicewünschen umgehen. Wenn Sie kein ausgebildeter Architekt oder Bauingenieur sind, dann sollten Sie unmissverständlich klarstellen, dass sie selbst eine bautechnische Beurteilung des Gebäudes nicht vornehmen können. Es wäre m. E. auch nicht klug, eine bautechnische Beratung „light" durchzuführen indem Sie z.B. grobe Kostenschätzungen für Sanierungsmaßnahmen abgeben. Denn wenn Sie sich zu solchen Punkten äußern, laufen Sie Gefahr durch schlüssiges Verhalten einen Beratungsvertrag mit dem Kaufinteressenten einzugehen und am Ende des Tages für erteilten Rat schadensersatzpflichtig zu werden.

Eine Alternative besteht darin, dass Sie ein Netzwerk von Bausachverständigen aufbauen und bei Fragen des Kaufinteressenten z. B. die Kontaktdaten solcher Sachverständigen (natürlich nur mit deren Einverständnis) weitergeben. Darüber hinaus ist es möglich, die Sachverständigen zu bitten, im Gegenzug auch Sie als Immobilienmakler zu empfehlen. So hätten Sie sehr geschickt die Vermeidung von Haftungsrisiken mit einer guten Akquisestrategie verbunden.

4.2.2 Rechtsberatung

Wenn Sie als Immobilienmakler ergänzend auf dem Gebiet der Rechtsberatung zu Fragen rund um den Immobilienverkauf tätig werden wollen, dann müssen Sie zuvor grundsätzliche Überlegungen anstellen. Es ist insbesondere zu klären, ob der Immobilienmakler überhaupt rechtsberatend tätig werden darf oder ob es sich um eine exklusive Domäne von Rechtsanwälten handelt. Eine Antwort auf diese Frage gibt das Rechtsdienstleistungsgesetz.[83] Sie finden das Gesetz zu Ihrer Information im Anhang dieses Buches abgedruckt.[84]

Mit Inkrafttreten dieses Gesetzes zum 01.07.2008 hat es eine Liberalisierung des Rechtsberatungsmarktes gegeben. Damit sind neue Spielräume für Immobilienmakler geschaffen worden, die Servicepalette um rechtliche Beratung rund um die Immobilie zu ergänzen. Die genauen Grenzen sind allerdings im Gesetz nicht so deutlich markiert wie das für die Marktteilnehmer und Rechtsanwender wünschenswert gewesen wäre.

Nach § 5 Abs. 1 des Rechtsdienstleistungsgesetzes (RDB) sind Nichtrechtsanwälten jedenfalls solche rechtsberatenden Tätigkeiten erlaubt, die im Zusammenhang mit einer anderen Tätigkeit stehen, wenn sie als Nebenleistung zum Berufs- oder Tätigkeitsbild gehören. Diese Regelung trägt dem Umstand Rechnung, dass viele gewerbliche Tätigkeiten, deren Schwerpunkt im wirtschaftlichen Bereich liegt, untrennbar auch mit Rechtsdienstleistungen verbunden sind.

Ob eine erlaubte Nebenleistung vorliegt, ist dabei nach ihrem Inhalt, Umfang und dem sachlichen Zusammenhang mit der Haupttätigkeit zu beurteilen. Nach dieser Maßgabe sind z. B. Auskünfte des Immobilienmaklers über die Rechtslage, wie sie beim Ausfüllen des Mietvertragsformu-

---

[83] Das Rechtsdienstleistungsgesetz (Gesetz über außergerichtliche Rechtsdienstleis-tungen) ist am 01.07.2008 in Kraft getreten. Es regelt die Befugnis, außergerichtliche Rechtsdienstleistungen (z.B. Beratung) zu erbringen. Es hat damit das bis dahin geltende Rechtsberatungsgesetz (RBerG) abgelöst.

[84] Siehe Kapitel 5.

lars erforderlich werden können, als zulässige Nebenleistungen seiner Maklertätigkeit anzusehen.[85]

Die Grenze der demnach zulässigen Rechtsberatung ist jedenfalls dann überschritten, wenn detailliert Rechtsprobleme zu erörtern sind und nicht bloß eine schematische Anwendung einer Rechtsnorm ansteht.[86] Demnach dürfte m. E. eine allgemeine Auskunft des Immobilienmaklers über eine Kündigungs-möglichkeit wegen Eigenbedarf nach Erwerb einer Immobilie zulässig sein. Zulässig dürfte darüber hinaus die Beratung über übliche Regelungen in Immobilienkaufverträgen sein sowie eine Aufklärung und Beratung über die einzelnen Phasen der Umsetzung eines Immobilienkaufvertrages.[87]

Unzulässig hingegen dürfte eine ausführliche und komplexe Beratung über die streitige Rückabwicklung eines Immobilienkaufvertrages sein. Es dürfte (wie häufig bei rechtlichen Fragen) wohl auf die Umstände des Einzelfalles ankommen, so dass weitergehende allgemeine Aussagen kaum zu treffen sind.

4.2.3 Steuerrechtliche Beratung

Beim Verkauf und bei der Vermietung von Immobilien tauchen immer wieder steuerrechtliche Fragen auf. So fragen sich Verkäufer in der Regel, unter welchen Voraussetzungen erzielte Veräußerungsgewinne steuerpflichtig sind.

---

[85] Oberlandesgericht Karlsruhe, Urteil vom 13. 10. 2010, abgedruckt in Neue Zeitschrift für Miet- und Wohnungsrecht 2011, S. 162 f.

[86] Siehe auch Michael Kleine-Cosack in DS 2009, S. 179 ff.

[87] Siehe auch Michael Krenzler in Handkommentar zum Rechtsdienstleistungsgesetz, Nomos Verlag 2009, § 5 RdNr. 27.

Für den Käufer einer Renditeimmobilie stellt sich die Frage nach der Besteuerung von Mieteinnahmen und welche Ausgaben von den Mieteinkünften abgesetzt werden können.

Als Immobilienmakler müssen Sie sich grundsätzlich überlegen, wie Sie mit solchen Fragen umgehen wollen. Sie können sich natürlich sperren, auf diese Fragen überhaupt eine Antwort zu geben und darauf verweisen, dass der Verkäufer bzw. Käufer gefälligst seinen Steuerberater aufsuchen möge, um auf diese Fragen belastbare Antworten zu erhalten. Das wäre jedoch für die Gewinnung von Vermittlungsaufträgen und zufriedenen Kunden nicht hilfreich, weil Sie eine solche grundsätzliche Verweigerung inkompetent und nicht serviceorientiert aussehen lässt.

Sie müssen daher eine Abwägung treffen, wie viele zusätzliche Serviceleistungen Sie erbringen können, ohne sich selbst fachlich zu überfordern und damit auf gefährliches Terrain zu begeben. Je mehr Fachkenntnisse Sie haben, desto mehr Beratungsleistungen können Sie gefahrlos anbieten und damit Ihr Profil als Immobilienmakler schärfen. Bei Fragen zum Steuerrecht ist grundsätzlich Vorsicht geboten, weil diese Materie sehr kompliziert und haftungsträchtig ist. Konkrete Aussagen zur Steuerpflichtigkeit von Veräußerungsgewinnen und zur Höhe der Steuerbelastung von Mieteinkünften können ohnehin nur anhand weiterer persönlicher Daten des Käufers bzw. Verkäufers getroffen werden. Daher rate ich Ihnen dazu, von konkreten Berechnungen der Steuerlast Abstand zu nehmen.

Es ist jedoch sehr wohl möglich, allgemeine Aussagen zu treffen, unter welchen Umständen Veräußerungsgewinne bei Immobilien steuerfrei vereinnahmt werden können. Insoweit empfehle ich Ihnen, sich in diese Materie einzuarbeiten, damit Sie zumindest allgemeine Aussagen treffen können, unter welchen Umständen Veräußerungsgewinne steuerfrei sind und wie die Besteuerung von Mieteinkünften grundsätzlich funktioniert. So können Sie mit Fachwissen punkten und dem Kunden Ihre Kompetenz demonstrieren, ohne nennenswerte Risiken einzugehen.

4.3 Finanzierungsberatung und Immobilienkreditvermittlung

Eine außerordentlich interessante Erweiterung des Tätigkeitsfeldes für Immobilienmakler stellt die Vermittlung von Immobilienkrediten und die Beratung über die Finanzierung des Immobilienkaufes dar. Da Sie als Makler automatisch in Kontakt mit Immobilienkaufinteressenten kommen, können Sie als „Nebenprodukt" noch eine zusätzliche Provision für die Vermittlung eines Immobilienkredites an den Käufer der Immobilie verdienen. Das wäre eine sehr intelligente Verlängerung der Wertschöpfungskette.

Allerdings müssen Sie hierbei beachten, dass die Gewerbeerlaubnis zur Ausübung einer Tätigkeit als Immobilienmakler die Darlehensvermittlung **nicht** ohne weiteres mit abdeckt. Sie benötigen dafür eine Erweiterung der Gewerbeerlaubnis, die Sie entweder von Anfang an mit beantragen oder später als Erweiterung Ihrer Gewerbeerlaubnis beantragen können.[88]

Darüber hinaus ist zu beachten, dass ein Darlehensvermittlungsvertrag mit dem Kaufinteressenten der Schriftform bedarf, wenn der Käufer als Verbraucher tätig ist.[89] Beim Kauf einer Wohnimmobilie für die Eigennutzung ist der Käufer in jedem Fall als Verbraucher tätig.

Schließlich sollten Sie bedenken, dass Sie als Darlehensvermittler ähnlich engmaschigen Vorgaben unterliegen wie eine Bank. Das heißt u. a., dass Sie dem Darlehensinteressenten umfangreiche vorvertragliche Informationen zur Verfügung stellen müssen.[90] Wenn Sie dieser Verpflichtung zur Erteilung von Informationen nicht nachkommen, so sieht das Gesetz als Rechtsfolge die Nichtigkeit des Darlehensvermittlungsvertrages vor, so dass Sie in einem solchen Fall keinen Anspruch auf eine Provision erlangen.[91]

Die Provision als Darlehensvermittler haben Sie erst verdient, wenn das Darlehen an den Verbraucher ausgezahlt worden ist. Wenn es nicht zur Auszahlung kommt (aus welchen Gründen auch immer), dann entsteht kein Provisionsanspruch.[92]

Abschließend weise ich darauf hin, dass eine Tätigkeit als Darlehensvermittler voraussetzt, dass Sie Kontakte zu Banken und anderen Darlehensgebern (z.B. Lebensversicherungen, Bausparkassen etc.) aufbauen müssen. Es ist

---

[88] Siehe § 34c Abs. 1 Nr. 2 GewO.
[89] Siehe § 655b BGB.
[90] Siehe § 655a Abs. 2 BGB in Verbindung mit § 491a BGB.
[91] Siehe § 655b Abs. 2 BGB.
[92] Siehe § 655c BGB.

insoweit auch üblich, dass die Darlehensgeber an den Darlehensvermittler eine Vermittlungsprovision zahlen.

Die Tätigkeit als Darlehensvermittler bedarf einer vorausschauenden Planung und eines nicht unerheblichen Vorabaufwandes an Zeit, um in das Geschäft einzusteigen. Die Entscheidung, zusätzlich als Darlehensvermittler tätig zu werden, sollte daher nicht überhastet getroffen und in jedem Falle gut vorbereitet werden.

4.4 Immobilienbewertung

Immobilienmakler werden von den Kunden nicht nur als Mittler gesehen, die Kaufvertragsparteien zusammenbringen, sondern auch als Wissensträger und Berater über den Marktwert einer Immobilie. Vor diesem Hintergrund erwartet der Verkäufer einer Immobilie vom Makler selbstverständlich Aussagen zu dem angemessenen Verkaufspreis.

Als Makler müssen Sie sich grundsätzlich überlegen, wie Sie mit diesen Wünschen des Kunden umgehen. Dabei ist die Bandbreite relativ groß. Sie können sich z.B. zum Sachverständigen für Immobilienbewertung fortbilden und Wertgutachten erstellen, die Sie unabhängig von einem Vermittlungsauftrag jedem Interessenten gegen Bezahlung anbieten. Sie können sich aber auch darauf beschränken, beim Verkauf nur unverbindliche Schätzungen über den Marktwert abzugeben und den Verkäufer ausdrücklich darauf hinweisen, dass er ein Wertgutachten bei einem Fachmann beauftragen muss, wenn er eine verbindliche und belastbare Aussage zum Marktwert haben möchte. Wenn Sie einen Alleinauftrag für den Maklerkunden übernommen haben, sind Sie jedoch bereits aus diesem verpflichtet, eine Beratung über den Marktwert zu geben.[93]

Wenn Sie Wertgutachten gegen Bezahlung anbieten, dann werden Sie nach einhelliger Auffassung an den strengen Sorgfaltsmaßstäben für Immobilienwertgutachter gemessen und haften dementsprechend auf Schadensersatz, wenn der festgestellte Wert von dem tatsächlichen Wert abweicht. Allenfalls wird Ihnen die Rechtsprechung eine Abweichung vom tatsächlichen Marktwert in Höhe von bis zu 10% zubilligen.

Wenn Sie hingegen lediglich anlässlich der Übernahme eines Vermittlungsauftrages eine Schätzung zum Marktwert abgeben, dann ist in der Rechtsprechung umstritten, ob Sie für die Richtigkeit des angegebenen Marktwertes haften. Das Oberlandesgericht Schleswig nimmt an, dass Sie auch in einem solchen Fall auf Schadensersatz haften, wenn der angegebene Marktwert vom tatsächlichen Marktwert um mehr als 10 % abweicht.[94] Nach Auffassung des Oberlandesgerichtes Koblenz hingegen würden Sie in einem solchen Fall nicht auf Schadensersatz haften, weil es nicht die Aufgabe des Immobilienmaklers sei, dafür zu sorgen, dass der zwischen den Kaufvertragsparteien vereinbarte Preis angemessen und marktgerecht ist.[95]

Der Bundesgerichtshof hat in einer ganz aktuellen Entscheidung über die Haftung des Verkäufers für eine Bera-

[93] Siehe Oberlandesgericht Düsseldorf, Urteil v. 10.05.1996, abgedruckt in Neue Juristische Wochenschrift-RR 1997, S. 1278 ff.

[94] Oberlandesgericht Schleswig, Urteil vom 2.6.2000, abgedruckt in Neue Juristische Wochenschrift - RR 2002, S. 419 ff.

[95] Oberlandesgericht Koblenz, Urteil vom 8.9.1999, abgedruckt in Neue Juristische Wochenschrift - RR 2002, S. 491 ff.

tung des Käufers über den Marktwert einer Immobilie danach differenziert, ob sich die Kaufvertragspartei vertraglich verpflichtet hat, den Vertragspartner über den Marktwert zu beraten. Eine solche Verpflichtung kann insbesondere auch stillschweigend durch schlüssiges Handeln begründet werden, z.B. indem Rentabilitätsberechnungen erstellt und dem Vertragspartner übergeben werden.[96] Wenn man diese Entscheidung auf den Makler überträgt, käme es darauf an, was Sie konkret im Einzelfall mit dem Maklerkunden vereinbart haben. Dabei kommt es nicht nur auf die schriftlich fixierten Vereinbarungen an sondern auch auf etwaige mündliche Absprachen oder schlüssiges Handeln.

Demnach tun Sie gut daran, mit dem Maklerkunden klare Vereinbarungen darüber zu treffen, was Sie leisten und wofür Sie gerade stehen können und wollen und wofür nicht. Am besten sollten die getroffenen Vereinbarungen schriftlich fixiert werden. Wenn Sie die Feststellung des Marktwertes der Immobilie lediglich als unverbindliche Schätzung verstanden wissen wollen, dann sollte das auch unmissverständlich in dem Maklerauftrag so festgehalten werden.

---

[96] Bundesgerichtshof, Urteil v. 12.07.2013, abgedruckt in Zeitschrift für Immobilien- und Mietrecht 2013, S. 514 ff.

KAPITEL 5 ANHANG (GESETZE)

5.1 Bürgerliches Gesetzbuch (BGB)

Ausfertigungsdatum: 18.08.1896

Stand: 01.10.2013

Titel 10
Mäklervertrag
Untertitel 1
Allgemeine Vorschriften

§ 652 Entstehung des Lohnanspruchs

(1) Wer für den Nachweis der Gelegenheit zum Abschluss eines Vertrags oder für die Vermittlung eines Vertrags einen Mäklerlohn verspricht, ist zur Entrichtung des Lohnes nur verpflichtet, wenn der Vertrag infolge des Nachweises oder infolge der Vermittlung des Mäklers zustande kommt. Wird der Vertrag unter einer aufschiebenden Bedingung geschlossen, so kann der Mäklerlohn erst verlangt werden, wenn die Bedingung eintritt.

(2) Aufwendungen sind dem Mäkler nur zu ersetzen, wenn es vereinbart ist. Dies gilt auch dann, wenn ein Vertrag nicht zustande kommt.

§ 653 Mäklerlohn

(1) Ein Mäklerlohn gilt als stillschweigend vereinbart, wenn die dem Mäkler übertragene Leistung den Umständen nach nur gegen eine Vergütung zu erwarten ist.

(2) Ist die Höhe der Vergütung nicht bestimmt, so ist bei dem Bestehen einer Taxe der taxmäßige Lohn, in Er-

mangelung einer Taxe der übliche Lohn als vereinbart anzusehen.

§ 654 Verwirkung des Lohnanspruchs

Der Anspruch auf den Mäklerlohn und den Ersatz von Aufwendungen ist ausgeschlossen, wenn der Mäkler dem Inhalt des Vertrags zuwider auch für den anderen Teil tätig gewesen ist.

§ 655 Herabsetzung des Mäklerlohns

Ist für den Nachweis der Gelegenheit zum Abschluss eines Dienstvertrags oder für die Vermittlung eines solchen Vertrags ein unverhältnismäßig hoher Mäklerlohn vereinbart worden, so kann er auf Antrag des Schuldners durch Urteil auf den angemessenen Betrag herabgesetzt werden. Nach der Entrichtung des Lohnes ist die Herabsetzung ausgeschlossen.

5.2 Gewerbeordnung (GewO)

Ausfertigungsdatum: 21.06.1869

Stand: 25.7.2013

§ 34c Makler, Bauträger, Baubetreuer

(1) Wer gewerbsmäßig

1. den Abschluss von Verträgen über Grundstücke, grundstücksgleiche Rechte, gewerbliche Räume oder Wohnräume vermitteln oder die Gelegenheit zum Abschluss solcher Verträge nachweisen,

2. den Abschluss von Darlehensverträgen vermitteln oder die Gelegenheit zum Abschluss solcher Verträge nachweisen,

3. Bauvorhaben

a) als Bauherr im eigenen Namen für eigene oder fremde Rechnung vorbereiten oder durchführen und dazu Vermögenswerte von Erwerbern, Mietern, Pächtern oder sonstigen Nutzungsberechtigten oder von Bewerbern um Erwerbs- oder Nutzungsrechte verwenden,

b) als Baubetreuer im fremden Namen für fremde Rechnung wirtschaftlich vorbereiten oder durchführen will, bedarf der Erlaubnis der zuständigen Behörde. Die Erlaubnis kann inhaltlich beschränkt und mit Auflagen verbunden werden, soweit dies zum Schutze der Allgemeinheit oder der Auftraggeber erforderlich ist; unter denselben Voraussetzungen ist auch die nachträgliche Aufnahme, Änderung und Ergänzung von Auflagen zulässig.

(2) Die Erlaubnis ist zu versagen, wenn

1. Tatsachen die Annahme rechtfertigen, daß der Antragsteller oder eine der mit der Leitung des Betriebes oder einer Zweigniederlassung beauftragten Personen die für den Gewerbebetrieb erforderliche Zuverlässigkeit nicht besitzt; die erforderliche Zuverlässigkeit besitzt in der Regel nicht, wer in den letzten fünf Jahren vor Stellung des Antrages wegen eines Verbrechens oder wegen Diebstahls, Unterschlagung, Erpressung, Betruges, Untreue, Geldwäsche, Urkundenfälschung, Hehlerei, Wuchers oder einer Insolvenzstraftat rechtskräftig verurteilt worden ist, oder

2. der Antragsteller in ungeordneten Vermögensverhältnissen lebt; dies ist in der Regel der Fall, wenn über das Vermögen des Antragstellers das Insolvenzverfahren eröffnet worden oder er in das vom Vollstreckungsgericht zu führende Verzeichnis (§ 26 Abs. 2 Insolvenzordnung, § 882b Zivilprozeßordnung) eingetragen ist.

(3) Das Bundesministerium für Wirtschaft und Technologie wird ermächtigt, durch Rechtsverordnung mit Zustimmung des Bundesrates zum Schutze der Allgemeinheit und der Auftraggeber Vorschriften zu erlassen über den Umfang der Verpflichtungen des Gewerbetreibenden bei der Ausübung des Gewerbes, insbesondere über die Verpflichtungen

1. ausreichende Sicherheiten zu leisten oder eine zu diesem Zweck geeignete Versicherung abzuschließen, sofern der Gewerbetreibende Vermögenswerte des Auftraggebers erhält oder verwendet,

2. die erhaltenen Vermögenswerte des Auftraggebers getrennt zu verwalten,

3. nach der Ausführung des Auftrages dem Auftraggeber Rechnung zu legen,

4. der zuständigen Behörde Anzeige beim Wechsel der mit der Leitung des Betriebes oder einer Zweigniederlassung beauftragten Personen zu erstatten und hierbei bestimmte Angaben zu machen,

5. dem Auftraggeber die für die Beurteilung des Auftrages und des zu vermittelnden oder nachzuweisenden Vertrages jeweils notwendigen Informationen schriftlich oder mündlich zu geben,

6. Bücher zu führen einschließlich der Aufzeichnung von Daten über einzelne Geschäftsvorgänge sowie über die Auftraggeber.

In der Rechtsverordnung nach Satz 1 kann ferner die Befugnis des Gewerbetreibenden zur Entgegennahme und zur Verwendung von Vermögenswerten des Auftraggebers beschränkt werden, soweit dies zum Schutze des Auftraggebers erforderlich ist. Außerdem kann in der Rechtsverordnung der Gewerbetreibende verpflichtet werden, die Einhaltung der nach Satz 1 Nr. 1 bis 6 und Satz 2 erlassenen Vorschriften auf seine Kosten regelmäßig sowie aus besonderem Anlaß prüfen zu lassen und den Prüfungsbericht der zuständigen Behörde vorzulegen, soweit es zur wirksamen Überwachung erforderlich ist; hierbei können die Einzelheiten der Prüfung, insbesondere deren Anlaß, Zeitpunkt und Häufigkeit, die Auswahl, Bestellung und Abberufung der Prüfer, deren Rechte, Pflichten und Verantwortlichkeit, der Inhalt des Prüfungsberichts, die Verpflichtungen des Gewerbetreibenden gegenüber dem Prüfer sowie das Verfahren bei Meinungsverschiedenheiten zwischen dem Prüfer und dem Gewerbetreibenden, geregelt werden.

(4) (weggefallen)

(5) Die Absätze 1 bis 3 gelten nicht für

1. Kreditinstitute, für die eine Erlaubnis nach § 32 Abs. 1 des Kreditwesengesetzes erteilt wurde, und für Zweigstellen von Unternehmen im Sinne des § 53b Abs. 1 Satz 1 des Gesetzes über das Kreditwesen,

2. Gewerbetreibende, die lediglich zur Finanzierung der von ihnen abgeschlossenen Warenverkäufe oder zu erbringenden Dienstleistungen den Abschluß von Verträgen über Darlehen vermitteln oder die Gelegenheit zum Abschluß solcher Verträge nachweisen,

3. Zweigstellen von Unternehmen mit Sitz in einem anderen Mitgliedstaat der Europäischen Union, die nach § 53b Abs. 7 des Kreditwesengesetzes Darlehen zwischen

Kreditinstituten vermitteln dürfen, soweit sich ihre Tätigkeit nach Absatz 1 auf die Vermittlung von Darlehen zwischen Kreditinstituten beschränkt,

4. Verträge, soweit Teilzeitnutzung von Wohngebäuden im Sinne des § 481 des Bürgerlichen Gesetzesbuchs gemäß Absatz 1 Satz 1 Nr. 1 nachgewiesen oder vermittelt wird.

5.3 Makler- und Bauträgerverordnung (MaBV)

Verordnung über die Pflichten der Makler, Darlehensvermittler, Bauträger und Baubetreuer

Ausfertigungsdatum: 20.06.1974

Stand: 02.05.2012

§ 1 Anwendungsbereich

Diese Verordnung gilt für Gewerbetreibende, die Tätigkeiten nach § 34c Absatz 1 der Gewerbeordnung ausüben, unabhängig vom Bestehen einer Erlaubnispflicht. Die Verordnung gilt nicht, soweit § 34c Absatz 5 der Gewerbeordnung Anwendung findet. Gewerbetreibende, die

1. als Versicherungs- oder Bausparkassenvertreter im Rahmen ihrer Tätigkeit für ein der Aufsicht der Bundesanstalt für Finanzdienstleistungsaufsicht unterliegendes Versicherungs- oder ausparunternehmen den Abschluß von Verträgen über Darlehen vermitteln oder die Gelegenheit zum Abschluß solcher Verträge nachweisen oder

2. den Abschluß von Verträgen über die Nutzung der von ihnen für Rechnung Dritter verwalteten Grundstücke,

grundstücksgleichen Rechte, gewerblichen Räume oder Wohnräume vermitteln oder die Gelegenheit zum Abschluß solcher Verträge nachweisen, unterliegen hinsichtlich dieser Tätigkeit nicht den Vorschriften dieser Verordnung.

§ 2 Sicherheitsleistung, Versicherung

(1) Bevor der Gewerbetreibende zur Ausführung des Auftrages Vermögenswerte des Auftraggebers erhält oder zu deren Verwendung ermächtigt wird, hat er dem Auftraggeber in Höhe dieser Vermögenswerte Sicherheit zu leisten oder eine zu diesem Zweck geeignete Versicherung abzuschließen; dies gilt nicht in den Fällen des § 34c Absatz 1 Satz 1 Nummer 3 Buchstabe a der Gewerbeordnung, sofern dem Auftraggeber Eigentum an einem Grundstück übertragen oder ein Erbbaurecht bestellt oder übertragen werden soll. Zu sichern sind Schadensersatzansprüche des Auftraggebers wegen etwaiger von dem Gewerbetreibenden und den Personen, die er zur Verwendung der Vermögenswerte ermächtigt hat, vorsätzlich begangener unerlaubter Handlungen, die sich gegen die in Satz 1 bezeichneten Vermögenswerte richten.

(2) Die Sicherheit kann nur durch die Stellung eines Bürgen geleistet werden. Als Bürge können nurKörperschaften des öffentlichen Rechts mit Sitz im Geltungsbereich dieser Verordnung, Kreditinstitute, die im Inland zum Geschäftsbetrieb befugt sind, sowie Versicherungsunternehmen bestellt werden, die zum Betrieb der Bürgschaftsversicherung im Inland befugt sind. Die Bürgschaftserklärung muß den Verzicht auf die Einrede der Vorausklage enthalten.

Die Bürgschaft darf nicht vor dem Zeitpunkt ablaufen, der sich aus Absatz 5 ergibt.

(3) Versicherungen sind nur dann im Sinne des Absatzes 1 geeignet, wenn 1. das Versicherungsunternehmen zum Betrieb der Vertrauensschadensversicherung im Inland befugt ist und 2. die allgemeinen Versicherungsbedingungen dem Zweck dieser Verordnung gerecht werden, insbesondere den Auftraggeber aus dem Versicherungsvertrag auch in den Fällen des Insolvenzverfahrens des Gewerbetreibenden unmittelbar berechtigen.

(4) Sicherheiten und Versicherungen können nebeneinander geleistet und abgeschlossen werden. Sie können für jeden einzelnen Auftrag oder für mehrere gemeinsam geleistet oder abgeschlossen werden. Der Gewerbetreibende hat dem Auftraggeber die zur unmittelbaren Inanspruchnahme von Sicherheiten und Versicherungen erforderlichen Urkunden auszuhändigen, bevor er Vermögenswerte des Auftraggebers erhält oder zu deren Verwendung ermächtigt wird.

(5) Die Sicherheiten und Versicherungen sind aufrechtzuerhalten

1. in den Fällen des § 34c Absatz 1 Satz 1 Nummer 1 und 2 der Gewerbeordnung, bis der Gewerbetreibende die Vermögenswerte an den in dem Auftrag bestimmten Empfänger übermittelt hat,

2. in den Fällen des § 34c Absatz 1 Satz 1 Nummer 3 Buchstabe a der Gewerbeordnung, sofern ein Nutzungsverhältnis begründet werden soll, bis zur Einräumung des Besitzes und Begründung des Nutzungsverhältnisses,

3. in den Fällen des § 34c Absatz 1 Satz 1 Nummer 3

Buchstabe b der Gewerbeordnung bis zur Rechnungslegung; sofern die Rechnungslegungspflicht gemäß § 8 Abs. 2 entfällt, endet die Sicherungspflicht mit der vollständigen Fertigstellung des Bauvorhabens. Erhält der Gewerbetreibende Vermögenswerte des Auftraggebers in Teilbeträgen, oder wird er ermächtigt, hierüber in Teilbeträgen zu verfügen, endet die Verpflichtung aus Absatz 1 Satz 1, erster Halbsatz, in bezug auf die Teilbeträge, sobald er dem Auftraggeber die ordnungsgemäße Verwendung dieser Vermögenswerte nachgewiesen hat; die Sicherheiten und Versicherungen für den letzten Teilbetrag sind bis zu dem in Satz 1 bestimmten Zeitpunkt aufrechtzuerhalten.

(6) Soweit nach den Absätzen 2 und 3 eine Bürgschaft oder Versicherung verlangt wird, ist von Gewerbetreibenden aus einem anderen Mitgliedstaat der Europäischen Union oder einem anderen Vertragsstaat des Abkommens über den Europäischen Wirtschaftsraum als Nachweis eine Bescheinigung über den Abschluss einer Bürgschaft oder Versicherung als hinreichend anzuerkennen, die von einem Kreditinstitut oder einem Versicherungsunternehmen in einem anderen Mitgliedstaat oder Vertragsstaat ausgestellt wurde, sofern die in diesem Staat abgeschlossene Versicherung im Wesentlichen vergleichbar ist zu der, die von in Deutschland niedergelassenen Gewerbetreibenden verlangt wird, und zwar hinsichtlich der Zweckbestimmung, der vorgesehenen Deckung bezüglich des versicherten Risikos, der Versicherungssumme und möglicher Ausnahmen von der Deckung. Bei nur teilweiser Gleichwertigkeit kann eine zusätzliche Sicherheit verlangt werden, die die nicht gedeckten Risiken absichert.

§ 3 Besondere Sicherungspflichten für Bauträger

(1) Der Gewerbetreibende darf in den Fällen des § 34c Absatz 1 Satz 1 Nummer 3 Buchstabe a der Gewerbeordnung, sofern dem Auftraggeber Eigentum an einem Grundstück übertragen oder ein Erbbaurecht bestellt oder übertragen werden soll, Vermögenswerte des Auftraggebers zur Ausführung des Auftrages erst entgegennehmen oder sich zu deren Verwendung ermächtigen lassen, wenn

1. der Vertrag zwischen dem Gewerbetreibenden und dem Auftraggeber rechtswirksam ist und die für seinen Vollzug erforderlichen Genehmigungen vorliegen, diese Voraussetzungen durch eine schriftliche Mitteilung des Notars bestätigt und dem Gewerbetreibenden keine vertraglichen Rücktrittsrechte eingeräumt sind,

2. zur Sicherung des Anspruchs des Auftraggebers auf Eigentumsübertragung oder Bestellung oder Übertragung eines Erbbaurechts an dem Vertragsobjekt eine Vormerkung an der vereinbarten Rangstelle im Grundbuch eingetragen ist; bezieht sich der Anspruch auf Wohnungs- oder Teileigentum oder ein Wohnungsoder Teilerbbaurecht, so muß außerdem die Begründung dieses Rechts im Grundbuch vollzogen sein,

3. die Freistellung des Vertragsobjekts von allen Grundpfandrechten, die der Vormerkung im Rang vorgehen oder gleichstehen und nicht übernommen werden sollen, gesichert ist, und zwar auch für den Fall, daß das Bauvorhaben nicht vollendet wird,

4. die Baugenehmigung erteilt worden ist oder, wenn eine Baugenehmigung nicht oder nicht zwingend

vorgesehen ist,

a) von der zuständigen Behörde bestätigt worden ist, daß

aa) die Baugenehmigung als erteilt gilt oder

bb) nach den baurechtlichen Vorschriften mit dem Vorhaben begonnen werden darf, oder,

b) wenn eine derartige Bestätigung nicht vorgesehen ist, von dem Gewerbetreibenden bestätigt worden ist, daß

aa) die Baugenehmigung als erteilt gilt oder

bb) nach den baurechtlichen Vorschriften mit dem Bauvorhaben begonnen werden darf, und nach Eingang dieser Bestätigung beim Auftraggeber mindestens ein Monat vergangen ist. Die Freistellung nach Satz 1 Nr. 3 ist gesichert, wenn gewährleistet ist, daß die nicht zu übernehmenden Grundpfandrechte im Grundbuch gelöscht werden, und zwar, wenn das Bauvorhaben vollendet wird, unverzüglich nach Zahlung der geschuldeten Vertragssumme, andernfalls unverzüglich nach Zahlung des dem erreichten Bautenstand entsprechenden Teils der geschuldeten Vertragssumme durch den Auftraggeber. Für den Fall, daß das Bauvorhaben nicht vollendet wird, kann sich der Kreditgeber vorbehalten, an Stelle der Freistellung alle vom Auftraggeber vertragsgemäß im Rahmen des Absatzes 2 bereits geleisteten Zahlungen bis zum anteiligen Wert des Vertragsobjekts zurückzuzahlen. Die zur Sicherung der Freistellung erforderlichen Erklärungen einschließlich etwaiger Erklärungen nach Satz 3 müssen dem Auftraggeber ausgehändigt worden sein.

Liegen sie bei Abschluß des notariellen Vertrages bereits vor, muß auf sie in dem Vertrag Bezug genommen sein; andernfalls muß der Vertrag einen ausdrücklichen Hinweis auf die Verpflichtung des Gewerbetreibenden zur Aushändigung der Erklärungen und deren notwendigen Inhalt enthalten.

(2) Der Gewerbetreibende darf in den Fällen des Absatzes 1 die Vermögenswerte ferner in bis zu sieben Teilbeträgen entsprechend dem Bauablauf entgegennehmen oder sich zu deren Verwendung ermächtigen lassen. Die Teilbeträge können aus den nachfolgenden Vomhundertsätzen zusammengesetzt werden:

1. 30 vom Hundert der Vertragssumme in den Fällen, in denen Eigentum an einem Grundstück übertragen werden soll, oder 20 vom Hundert der Vertragssumme in den Fällen, in denen ein Erbbaurecht bestellt oder übertragen werden soll, nach Beginn der Erdarbeiten,

2. vom der restlichen Vertragssumme

- 40 vom Hundert nach Rohbaufertigstellung, einschließlich Zimmererarbeiten,

- 8 vom Hundert für die Herstellung der Dachflächen und Dachrinnen,

- 3 vom Hundert für die Rohinstallation der Heizungsanlagen,

- 3 vom Hundert für die Rohinstallation der Sanitäranlagen,

- 3 vom Hundert für die Rohinstallation der Elektroanlagen,

- 10 vom Hundert für den Fenstereinbau, einschließlich der Verglasung,

- 6 vom Hundert für den Innenputz, ausgenommen Beiputzarbeiten

- 3 vom Hundert für den Estrich,

- 4 vom Hundert für die Fliesenarbeiten im Sanitärbereich,

- 12 vom Hundert nach Bezugsfertigkeit und Zug um Zug gegen Besitzübergabe,

- 3 vom Hundert für die Fassadenarbeiten,

- 5 vom Hundert nach vollständiger Fertigstellung.

Sofern einzelne der in Satz 2 Nr. 2 genannten Leistungen nicht anfallen, wird der jeweilige Vomhundertsatz anteilig auf die übrigen Raten verteilt. Betrifft das Bauvorhaben einen Altbau, so gelten die Sätze 1 und 2 mit der Maßgabe entsprechend, daß der hiernach zu errechnende Teilbetrag für schon erbrachte Leistungen mit Vorliegen der Voraussetzungen des Absatzes 1 entgegengenommen werden kann.

(3) Der Gewerbetreibende darf in den Fällen des § 34c Absatz 1 Satz 1 Nummer 3 Buchstabe a der Gewerbeordnung, sofern ein Nutzungsverhältnis begründet werden soll, Vermögenswerte des Auftraggebers zur Ausführung des Auftrages in Höhe von 20 vom Hundert der Vertragssumme nach Vertragsabschluß entgegennehmen oder sich zu deren Verwendung ermächtigen lassen; im übrigen gelten Absatz 1 Satz 1 Nr. 1 und 4 und Absatz 2 entsprechend.

§ 4 Verwendung von Vermögenswerten des Auftraggebers

(1) Der Gewerbetreibende darf Vermögenswerte des

Auftraggebers, die er erhalten hat oder zu deren Verwendung er ermächtigt worden ist, nur verwenden

1. in den Fällen des § 34c Absatz 1 Satz 1 Nummer 1 und 2 der Gewerbeordnung zur Erfüllung des Vertrages, der durch die Vermittlung oder die Nachweistätigkeit des Gewerbetreibenden zustande gekommen ist,

2. in den Fällen des § 34c Absatz 1 Satz 1 Nummer 3 der Gewerbeordnung zur Vorbereitung und Durchführung des Bauvorhabens, auf das sich der Auftrag bezieht; als Bauvorhaben gilt das einzelne Gebäude, bei Einfamilienreihenhäusern die einzelne Reihe.

(2) Der Gewerbetreibende darf in den Fällen des § 34c Absatz 1 Satz 1 Nummer 3 Buchstabe b der Gewerbeordnung, in denen er das Bauvorhaben für mehrere Auftraggeber vorbereitet und durchführt, die Vermögenswerte der Auftraggeber nur im Verhältnis der Kosten der einzelnen Einheiten zu den Gesamtkosten des Bauvorhabens verwenden.

§ 5 Hilfspersonal

Ermächtigt der Gewerbetreibende andere Personen, Vermögenswerte des Auftraggebers zur Ausführung des Auftrages entgegenzunehmen

oder zu verwenden, so hat er sicherzustellen, daß dies nur nach Maßgabe der §§ 3 und 4 geschieht.

§ 6 Getrennte Vermögensverwaltung

(1) Erhält der Gewerbetreibende zur Ausführung des Auftrages Vermögenswerte des Auftraggebers, so hat er sie von seinem Vermögen und dem seiner sonstigen Auftraggeber getrennt zu verwalten. Dies gilt nicht für vertrags-

gemäß im Rahmen des § 3 Abs. 2 oder 3 geleistete Zahlungen.

(2) Der Gewerbetreibende hat Gelder, die er vom Auftraggeber erhält, unverzüglich für Rechnung des Auftraggebers auf ein Sonderkonto bei einem Kreditinstitut im Sinne des § 2 Abs. 2 Satz 2 einzuzahlen und auf diesem Konto bis zur Verwendung im Sinne des § 4 zu belassen. Er hat dem Kreditinstitut offenzulegen, daß die Gelder für fremde Rechnung eingelegt werden und hierbei den Namen, Vornamen und die Anschrift des Auftraggebers anzugeben. Er hat das Kreditinstitut zu verpflichten, den Auftraggeber unverzüglich zu benachrichtigen, wenn die Einlage von dritter Seite gepfändet oder das Insolvenzverfahren über das Vermögen des Gewerbetreibenden eröffnet wird, und dem Auftraggeber jederzeit Auskunft über den Stand des Kontos zu erteilen.

Er hat das Kreditinstitut ferner zu verpflichten, bei diesem Konto weder das Recht der Aufrechnung noch ein Pfand- oder Zurückbehaltungsrecht geltend zu machen, es sei denn wegen Forderungen, die in bezug auf das Konto selbst entstanden sind.

(3) Wertpapiere im Sinne des § 1 Abs. 1 des Gesetzes über die Verwahrung und Anschaffung von Wertpapieren, die der Gewerbetreibende vom Auftraggeber erhält, hat er unverzüglich für Rechnung des Auftraggebers einem Kreditinstitut im Sinne des § 2 Abs. 2 Satz 2 zur Verwahrung anzuvertrauen. Absatz 2 Satz 2 bis 4 ist anzuwenden.

§ 7 Ausnahmevorschrift

(1) Gewerbetreibende im Sinne des § 34c Absatz 1 Satz 1

Nummer 3 Buchstabe a der Gewerbeordnung, die dem Auftraggeber Eigentum an einem Grundstück zu übertragen oder ein Erbbaurecht zu bestellen oder zu übertragen haben, sind von den Verpflichtungen des § 3 Abs. 1 und 2, des § 4 Abs. 1 und der §§ 5 und 6, die übrigen Gewerbetreibenden im Sinne des § 34c Abs. 1 der Gewerbeordnung sind von den Verpflichtungen des § 2, des § 3 Abs. 3 und der §§ 4 bis 6 freigestellt, sofern sie Sicherheit für alle etwaigen Ansprüche des Auftraggebers auf Rückgewähr oder Auszahlung seiner Vermögenswerte im Sinne des § 2 Abs. 1 Satz 1 geleistet haben.

§ 2 Abs. 2, Abs. 4 Satz 2 und 3 und Abs. 5 Satz 1 gilt entsprechend. In den Fällen des § 34c Absatz 1 Satz 1 Nummer 3 Buchstabe a der Gewerbeordnung, in denen dem Auftraggeber Eigentum an einem Grundstück übertragen oder ein Erbbaurecht bestellt oder übertragen werden soll, ist die Sicherheit aufrechtzuerhalten, bis die Voraussetzungen des § 3 Abs. 1 erfüllt sind und das Vertragsobjekt vollständig fertiggestellt ist. Ein Austausch der Sicherungen der §§ 2 bis 6 und derjenigen des § 7 ist zulässig.

(2) Der Gewerbetreibende ist von den in Absatz 1 Satz 1 erwähnten Verpflichtungen auch dann freigestellt, wenn es sich bei dem Auftraggeber um

1. eine juristische Person des öffentlichen Rechts oder ein öffentlich-rechtliches Sondervermögen oder

2. einen in das Handelsregister oder das Genossenschaftsregister eingetragenen Kaufmann handelt und der Auftraggeber in gesonderter Urkunde auf die Anwendung dieser Bestimmungen verzichtet. Im Falle des Satzes 1 Nr. 2 hat sich der Gewerbetreibende vom Auftraggeber dessen Eigenschaft als Kaufmann durch einen Auszug aus dem Handelsregister oder dem Genos-

senschaftsregister nachweisen zu lassen.

§ 8 Rechnungslegung

(1) Hat der Gewerbetreibende zur Ausführung des Auftrages Vermögenswerte des Auftraggebers erhalten oder verwendet, so hat er dem Auftraggeber nach Beendigung des Auftrages über die Verwendung dieser Vermögenswerte Rechnung zu legen. § 259 des Bürgerlichen Gesetzbuchs ist anzuwenden.

(2) Die Verpflichtung, Rechnung zu legen, entfällt, soweit der Auftraggeber nach Beendigung des Auftrages dem Gewerbetreibenden gegenüber schriftlich darauf verzichtet oder der Gewerbetreibende mit den Vermögenswerten des Auftraggebers eine Leistung zu einem Festpreis zu erbringen hat.

§ 9 Anzeigepflicht

Der Gewerbetreibende hat der zuständigen Behörde die jeweils mit der Leitung des Betriebes oder einer Zweigniederlassung beauftragten Personen unverzüglich anzuzeigen. Dies gilt bei juristischen Personen auch für die nach Gesetz, Satzung oder Gesellschaftsvertrag jeweils zur Vertretung berufenen Personen. In der Anzeige sind Name, Geburtsname, sofern er vom Namen abweicht, Vornamen, Staatsangehörigkeit, Geburtstag, Geburtsort und Anschrift der betreffenden Personen anzugeben.

§ 10 Buchführungspflicht

(1) Der Gewerbetreibende hat von der Annahme des Auftrages an nach Maßgabe der folgenden Vorschriften Aufzeichnungen zu machen sowie Unterlagen und Belege übersichtlich zu sammeln. Die Aufzeichnungen sind unverzüglich und in deutscher Sprache vorzunehmen.

(2) Aus den Aufzeichnungen und Unterlagen sämtlicher Gewerbetreibender müssen ersichtlich sein

1. der Name und Vorname oder die Firma sowie die Anschrift des Auftraggebers,

2. folgende Angaben, soweit sie im Einzelfall in Betracht kommen,

a) das für die Vermittler- oder Nachweistätigkeit oder für die Tätigkeit als Baubetreuer vom Auftraggeber zu entrichtende Entgelt; Wohnungsvermittler haben das Entgelt in einem Bruchteil oder Vielfachen der Monatsmiete anzugeben;

b) ob der Gewerbetreibende zur Entgegennahme von Zahlungen oder sonstigen Leistungen ermächtigt ist;

c) Art und Höhe der Vermögenswerte des Auftraggebers, die der Gewerbetreibende zur Ausführung des Auftrages erhalten oder zu deren Verwendung er ermächtigt werden soll;

d) daß der Gewerbetreibende den Auftraggeber davon unterrichtet hat, daß er von ihm nur im Rahmen des § 3 Vermögenswerte entgegennehmen oder sich zu deren Verwendung ermächtigen lassen und diese Vermögenswerte nur im Rahmen des § 4 verwenden darf, es sei denn, daß nach § 7 verfahren wird;

e) Art, Höhe und Umfang der vom Gewerbetreibenden für die Vermögenswerte zu leistenden Sicherheit und abzuschließenden Versicherung, Name oder Firma und Anschrift des Bürgen und der Versicherung;

f) Vertragsdauer.

(3) Aus den Aufzeichnungen und Unterlagen von Ge-

werbetreibenden im Sinne des § 34c Absatz 1 Satz 1 Nummer 1 der Gewerbeordnung müssen ferner folgende Angaben ersichtlich sein, soweit sie im Einzelfall in Betracht kommen,

1. bei der Vermittlung oder dem Nachweis der Gelegenheit zum Abschluß von Verträgen über den Erwerb von Grundstücken oder grundstücksgleichen Rechten: Lage, Größe und Nutzungsmöglichkeit des Grundstücks, Art, Alter und Zustand des Gebäudes, Ausstattung, Wohn- und Nutzfläche, Zahl der Zimmer, Höhe der Kaufpreisforderung einschließlich zu übernehmender Belastungen, Name, Vorname und Anschrift des Veräußerers;

2. bei der Vermittlung oder dem Nachweis der Gelegenheit zum Abschluß von Verträgen über die Nutzung von Grundstücken oder grundstücksgleichen Rechten: Lage, Größe und Nutzungsmöglichkeit des Grundstücks, Art, Alter und Zustand des Gebäudes, Ausstattung, Wohn- und Nutzfläche, Zahl der Zimmer, Höhe der Mietforderung sowie gegebenenfalls Höhe eines Baukostenzuschusses, einer Kaution, einer Mietvorauszahlung, eines Mieterdarlehens oder einer Abstandssumme, Name, Vorname und Anschrift des Vermieters;

3. bei der Vermittlung oder dem Nachweis der Gelegenheit zum Abschluß von Verträgen über die Nutzung von gewerblichen Räumen oder Wohnräumen: Lage des Grundstücks und der Räume, Ausstattung, Nutz- und Wohnfläche, Zahl der Räume, Höhe der Mietforderung sowie gegebenenfalls Höhe eines Baukostenzuschusses, einer Kaution, einer Mietvorauszahlung, eines Mieterdarlehens oder einer Abstandssumme, Name, Vorname und

Anschrift des Vermieters.

(4) Aus den Aufzeichnungen und Unterlagen von Gewerbetreibenden im Sinne des § 34c Absatz 1 Satz 1 Nummer 3 der Gewerbeordnung müssen zusätzlich zu den Angaben nach Absatz 2 folgende Angaben ersichtlich sein, soweit sie im Einzelfall in Betracht kommen, 1. bei Bauvorhaben, die ganz oder teilweise zur Veräußerung bestimmt sind: Lage und Größe des Baugrundstücks, das Bauvorhaben mit den von der Bauaufsicht genehmigten Plänen nebst Baubeschreibung, sofern das Bauvorhaben nicht genehmigungspflichtig ist, neben den vorerwähnten Plänen und der Baubeschreibung die Bestätigung der Behörde oder des Gewerbetreibenden gemäß § 3 Abs. 1 Satz

1 Nr. 4 Buchstabe a oder b, der Zeitpunkt der Fertigstellung, die Kaufsache, die Kaufpreisforderung, die Belastungen, die Finanzierung, soweit sie nicht vom Erwerber erbracht werden soll;

2. bei Bauvorhaben, die ganz oder teilweise vermietet, verpachtet oder in anderer Weise zur Nutzung überlassen werden sollen: Lage und Größe des Baugrundstücks, das Bauvorhaben mit den von der Bauaufsicht genehmigten Plänen nebst Baubeschreibung, sofern das Bauvorhaben nicht genehmigungspflichtig ist, neben den vorerwähnten Plänen und der Baubeschreibung die Bestätigung der Behörde oder des Gewerbetreibenden gemäß § 3 Abs. 1 Satz 1 Nr. 4 Buchstabe a oder b, der Zeitpunkt der Fertigstellung, der Vertragsgegenstand, die Miet-, Pacht- oder sonstige Forderung, die darüber hinaus zu erbringenden laufenden Leistungen und die etwaigen einmaligen Leistungen, die nicht zur Vorbereitung oder Durchführung des Bauvorha-

bens verwendet werden sollen;

3. bei Bauvorhaben, die der Gewerbetreibende als Baubetreuer wirtschaftlich vorbereiten oder durchführen soll: Lage und Größe des Baugrundstücks, das Bauvorhaben mit Plänen und Baubeschreibung, der Zeitpunkt der Fertigstellung, die veranschlagten Kosten, die Kostenobergrenze und die von dem Gewerbetreibenden bei Dritten zu beschaffende Finanzierung.

(5) Aus den Aufzeichnungen, Unterlagen und Belegen sämtlicher Gewerbetreibender müssen ferner ersichtlich sein, soweit dies im Einzelfall in Betracht kommt,

1. Art und Höhe der Vermögenswerte des Auftraggebers, die der Gewerbetreibende zur Ausführung des Auftrages erhalten hat oder zu deren Verwendung er ermächtigt wurde,

2. das für die Vermittler- oder Nachweistätigkeit oder für die Tätigkeit als Baubetreuer vom Auftraggeber entrichtete Entgelt,

3. eine Bestätigung des Auftraggebers über die Aushändigung der in § 2 Abs. 4 Satz 3 bezeichneten Unterlagen,

4. Kopie der Bürgschaftsurkunde und des Versicherungsscheins,

5. Verwendungen von Vermögenswerten des Auftraggebers durch den Gewerbetreibenden nach Tag und Höhe, in den Fällen des § 2 Abs. 5 Satz 2 auch eine Bestätigung des Auftraggebers darüber, daß ihm die ordnungsgemäße Verwendung der Teilbeträge nachgewiesen worden ist,

6. Tag und Grund der Auftragsbeendigung,

7. Tag der Beendigung des Bürgschaftsvertrages und der Versicherung,

8. die in § 7 Abs. 2 erwähnten Unterlagen,

9. Nachweis, daß dem Auftraggeber die in § 11 bezeichneten Angaben rechtzeitig und vollständig mitgeteilt worden sind.

(6) Sonstige Vorschriften über Aufzeichnungs- und Buchführungspflichten des Gewerbetreibenden bleiben unberührt.

§ 11 Informationspflicht und Werbung

Der Gewerbetreibende hat dem Auftraggeber schriftlich und in deutscher Sprache folgende Angaben mitzuteilen, soweit sie im Einzelfall in Betracht kommen:

1. in den Fällen des § 34c Absatz 1 Satz 1 Nummer 1 der Gewerbeordnung

a) unmittelbar nach der Annahme des Auftrags die in § 10 Absatz 2 Nummer 2 Buchstabe a und f genannten Angaben und

b) spätestens bei Aufnahme der Vertragsverhandlungen über den vermittelten oder nachgewiesenen Vertragsgegenstand die in § 10 Absatz 2 Nummer 2 Buchstabe b bis e und Absatz 3 Nummer 1 bis 3 genannten Angaben,

2. in den Fällen des § 34c Absatz 1 Satz 1 Nummer 3 der Gewerbeordnung spätestens bis zur Annahme des Auftrags die in § 10 Absatz 2 Nummer 2 und Absatz 4 genannten Angaben; vor diesem Zeitpunkt hat der Gewerbetreibende dem Auftraggeber die Angaben zu machen, die zur Beurteilung des Auftrags nach dem jeweiligen Verhand-

lungsstand erforderlich sind; im Fall des § 10 Absatz 4 Nummer 3 entfällt die Verpflichtung, soweit die Angaben vom Auftraggeber stammen. Ist der Auftraggeber eine natürliche Person, kann er die Übermittlung der Angaben in der Amtssprache eines Mitgliedstaates der Europäischen Union oder eines Vertragsstaates des Abkommens über den Europäischen Wirtschaftsraum verlangen, wenn er in diesem Mitgliedstaat oder Vertragsstaat seinen Wohnsitz hat.

§ 12 Unzulässigkeit abweichender Vereinbarungen

Der Gewerbetreibende darf seine Verpflichtungen nach den §§ 2 bis 8 sowie die nach § 2 Abs. 1 zu sichernden Schadensersatzansprüche des Auftraggebers durch vertragliche Vereinbarung weder ausschließen noch beschränken.

§ 13 (weggefallen)

§ 14 Aufbewahrung

(1) Die in § 10 bezeichneten Geschäftsunterlagen sind 5 Jahre in den Geschäftsräumen aufzubewahren. Die Aufbewahrungsfrist beginnt mit dem Schluss des Kalenderjahres, in dem der letzte aufzeichnungspflichtige Vorgang für den jeweiligen Auftrag angefallen ist. Vorschriften, die eine längere Frist bestimmen, bleiben unberührt.

(2) Die nach Absatz 1 aufzubewahrenden Unterlagen können auch in Form einer verkleinerten Wiedergabe aufbewahrt werden, wenn gesichert ist, daß die Wiedergabe mit der Urschrift übereinstimmt. Der Gewerbetreibende hat auf Verlangen der zuständigen Behörde auf seine Kosten die erforderliche Anzahl ohne Hilfsmittel lesbarer Re-

produktionen vorzulegen; bei Ermittlungen oder Prüfungen in den Geschäftsräumen sind für verkleinerte Wiedergaben die erforderlichen Lesegeräte bereitzuhalten.

§ 15 (weggefallen)

§ 16 Prüfungen

(1) Gewerbetreibende im Sinne des § 34c Absatz 1 Satz 1 Nummer 3 der Gewerbeordnung haben auf ihre Kosten die Einhaltung der sich aus den §§ 2 bis 14 ergebenden Verpflichtungen für jedes Kalenderjahr durch einen

geeigneten Prüfer prüfen zu lassen und der zuständigen Behörde den Prüfungsbericht bis spätestens zum 31. Dezember des darauffolgenden Jahres zu übermitteln. Sofern der Gewerbetreibende im Berichtszeitraum keine nach § 34c Abs. 1 Satz 1 der Gewerbeordnung erlaubnispflichtige Tätigkeit ausgeübt hat, hat er spätestens bis zu dem in Satz 1 genannten Termin anstelle des Prüfungsberichts eine entsprechende Erklärung zu übermitteln. Der Prüfungsbericht muß einen Vermerk darüber enthalten, ob Verstöße des Gewerbetreibenden festgestellt worden sind. Verstöße sind in dem Vermerk aufzuzeigen. Der Prüfer hat den Vermerk mit Angabe von Ort und Datum zu unterzeichnen.

(2) Die zuständige Behörde ist befugt, Gewerbetreibende im Sinne des § 34c Abs. 1 der Gewerbeordnung auf deren Kosten aus besonderem Anlaß im Rahmen einer außerordentlichen Prüfung durch einen geeigneten Prüfer überprüfen zu lassen. Der Prüfer wird von der zuständigen Behörde bestimmt. Absatz 1 Satz 3 bis 5 gilt entsprechend.

(3) Geeignete Prüfer sind

1. Wirtschaftsprüfer, vereidigte Buchprüfer, Wirt-

schaftsprüfungs- und Buchprüfungsgesellschaften,

2. Prüfungsverbände, zu deren gesetzlichem oder satzungsmäßigem Zweck die regelmäßige und außerordentliche Prüfung ihrer Mitglieder gehört, sofern

a) von ihren gesetzlichen Vertretern mindestens einer Wirtschaftsprüfer ist,

b) sie die Voraussetzungen des § 63b Abs. 5 des Gesetzes betreffend die Erwerbs- und Wirtschaftsgenossenschaften erfüllen oder

c) sie sich für ihre Prüfungstätigkeit selbständiger Wirtschaftsprüfer oder vereidigter Buchprüfer oder einer Wirtschaftsprüfungs- oder Buchprüfungsgesellschaft bedienen.

Bei Gewerbetreibenden im Sinne des § 34c Absatz 1 Satz 1 Nummer 1 und 2 der Gewerbeordnung können mit der Prüfung nach Absatz 2 auch andere Personen, die öffentlich bestellt oder zugelassen worden sind und die auf Grund ihrer Vorbildung und Erfahrung in der Lage sind, eine ordnungsgemäße Prüfung in dem jeweiligen Gewerbebetrieb durchzuführen, sowie deren Zusammenschlüsse betraut werden. § 13a Absatz 1 und 2 Satz 1 und 2, Absatz 5 bis 7 der Gewerbeordnung gilt für die in Satz 2 genannten Personen, die mit der Prüfung betraut werden können, entsprechend. Ungeeignet für eine Prüfung sind Personen, bei denen die Besorgnis der Befangenheit besteht.

§ 17 Rechte und Pflichten der an der Prüfung Beteiligten

(1) Der Gewerbetreibende hat dem Prüfer die Einsicht in die Bücher, Aufzeichnungen und Unterlagen zu gestatten.

Er hat ihm alle Aufklärungen und Nachweise zu geben, die der Prüfer für eine sorgfältige Prüfung benötigt.

(2) Der Prüfer ist zur gewissenhaften und unparteiischen Prüfung und zur Verschwiegenheit verpflichtet. Er darf nicht unbefugt Geschäfts- und Betriebsgeheimnisse verwerten, die er bei seiner Tätigkeit erfahren hat. Ein Prüfer, der vorsätzlich oder fahrlässig seine Pflichten verletzt, ist dem Gewerbetreibenden zum Ersatz des daraus entstehenden Schadens verpflichtet. Mehrere Personen haften als Gesamtschuldner.

§ 18 Ordnungswidrigkeiten

(1) Ordnungswidrig im Sinne des § 144 Abs. 2 Nr. 6 der Gewerbeordnung handelt, wer

1. Vermögenswerte des Auftraggebers annimmt oder sich zu deren Verwendung ermächtigen läßt, bevor er

a) nach § 2 Abs. 1 Sicherheit geleistet oder eine Versicherung abgeschlossen oder

b) die in § 2 Abs. 4 Satz 3 bezeichneten Urkunden ausgehändigt hat,

2. entgegen § 2 Abs. 5, auch in Verbindung mit § 7 Abs. 1 Satz 2, oder § 7 Abs. 1 Satz 3 die Sicherheit oder Versicherung nicht aufrechterhält,

3. einer Vorschrift des § 3 über die Entgegennahme oder die Ermächtigung zur Verwendung von Vermögenswerten des Auftraggebers zuwiderhandelt,

4. einer Vorschrift des § 4 über die Verwendung von Vermögenswerten des Auftraggebers zuwiderhandelt,

5. einer Vorschrift des § 6 Abs. 1, Abs. 2 Satz 1 oder 2, Abs. 3 Satz 1 oder Abs. 3 Satz 2 in Verbindung mit Abs. 2

Satz 2 über die getrennte Vermögensverwaltung zuwiderhandelt,

6. entgegen § 9 die Anzeige nicht, nicht richtig, nicht vollständig oder nicht rechtzeitig erstattet,

7. entgegen § 10 Abs. 1 bis 5 erforderliche Aufzeichnungen nicht, nicht richtig, nicht vollständig, nicht ordnungsgemäß oder nicht rechtzeitig macht oder Unterlagen oder Belege nicht oder nicht übersichtlich sammelt,

8. entgegen § 11 Satz 1 Nummer 1 oder 2 dem Auftraggeber die dort bezeichneten Angaben nicht, nicht richtig, nicht vollständig oder nicht rechtzeitig mitteilt,

9. (weggefallen)

10. entgegen § 14 Abs. 1 Satz 1 Geschäftsunterlagen nicht während der vorgeschriebenen Frist aufbewahrt,

11. (weggefallen)

12. entgegen § 16 Abs. 1 Satz 1 oder 2 einen Prüfungsbericht nicht, nicht richtig, nicht vollständig oder nicht rechtzeitig oder eine dort genannte Erklärung nicht, nicht richtig oder nicht rechtzeitig vorlegt oder

13. den Duldungs- oder Mitwirkungspflichten des § 17 Abs. 1 nicht, nicht ausreichend oder nicht rechtzeitig nachkommt.

(2) Ordnungswidrig im Sinne des § 145 Abs. 2 Nr. 9 der Gewerbeordnung handelt, wer vorsätzlich oder fahrlässig eine in Absatz 1 bezeichnete Handlung in Ausübung eines Reisegewerbes begeht.

(3) Ordnungswidrig im Sinne des § 146 Abs. 2 Nr. 11a der Gewerbeordnung handelt, wer vorsätzlich oder fahrlässig eine in Absatz 1 bezeichnete Handlung in Ausübung

eines Messe-, Ausstellungs- oder Marktgewerbes begeht.

§ 19 Anwendung bei grenzüberschreitender Dienstleistungserbringung

(1) Üben Gewerbetreibende von einer Niederlassung in einem anderen Mitgliedstaat der Europäischen Union oder einem anderen Vertragsstaat des Abkommens über den Europäischen Wirtschaftsraum aus im Geltungsbereich dieser Verordnung vorübergehend selbständig gewerbsmäßig eine Tätigkeit nach § 34c Absatz 1 Satz 1 Nummer 1 oder Nummer 3 der Gewerbeordnung aus, sind die §§ 8 bis 11, 14 bis 17, 18 Absatz 1 Nummer 6 bis 13, jeweils auch in Verbindung mit § 18 Absatz 2 und 3, insoweit nicht anwendbar. § 4 Absatz 2 der Gewerbeordnung gilt entsprechend.

(2) In den Fällen des § 34c Absatz 1 Satz 1 Nummer 1 oder Nummer 3 der Gewerbeordnung sind die §§ 2, 4 bis 8, 10 bis 18 Absatz 1 Nummer 1, 2, 4, 5 und 7 bis 13, jeweils auch in Verbindung mit § 18 Absatz 2 und 3, auch anzuwenden, wenn der im Inland niedergelassene Gewerbetreibende die Dienstleistungsfreiheit in einem anderen Mitgliedstaat der Europäischen Union oder einem anderen Vertragsstaat des Abkommens über den Europäischen Wirtschaftsraum in Anspruch nimmt und dort vorübergehend selbständig gewerbsmäßg tätig wird.

§ 20 Übergangsvorschriften

Gewerbetreibende, die Vermögenswerte des Auftraggebers nach den §§ 3 oder 7 Abs. 1 in der bis zum 28. Februar 1991 geltenden Fassung abzusichern haben, können die Verträge weiterhin nach diesen Vorschriften abwickeln.

§ 21 Berlin-Klausel (gegenstandslos)

§ 22 Inkrafttreten

5.4 Gesetz zur Regelung der Wohnungsvermittlung (WoVermRG)

Ausfertigungsdatum: 04.11.1971

Stand: 21.04.2015

§ 1

(1) Wohnungsvermittler im Sinne dieses Gesetzes ist, wer den Abschluß von Mietverträgen über Wohnräume vermittelt oder die Gelegenheit zum Abschluß von Mietverträgen über Wohnräume nachweist.

(2) Zu den Wohnräumen im Sinne dieses Gesetzes gehören auch solche Geschäftsräume, die wegen ihres räumlichen oder wirtschaftlichen Zusammenhangs mit Wohnräumen mit diesen zusammen vermietet werden.

(3) Die Vorschriften dieses Gesetzes gelten nicht für die Vermittlung oder den Nachweis der Gelegenheit zum Abschluß von Mietverträgen über Wohnräume im Fremdenverkehr.

§ 2

(1) Ein Anspruch auf Entgelt für die Vermittlung oder den Nachweis der Gelegenheit zum Abschluß von Mietverträgen über Wohnräume steht dem Wohnungsvermittler nur zu, wenn infolge seiner Vermittlung oder infolge seines Nachweises ein Mietvertrag zustande kommt. Der Vermittlungsvertrag bedarf der Textform.

(1a) Der Wohnungsvermittler darf vom Wohnungssuchenden für die Vermittlung oder den Nachweis der Gelegenheit zum Abschluss von Mietverträgen über Wohnräume kein Entgelt fordern, sich versprechen lassen oder annehmen, es sei denn, der Wohnungsvermittler holt ausschließlich wegen des Vermittlungsvertrags mit dem Wohnungssuchenden vom Vermieter oder von einem anderen Berechtigten den Auftrag ein, die Wohnung anzubieten (§ 6 Absatz 1).

(2) Ein Anspruch nach Absatz 1 Satz 1 steht dem Wohnungsvermittler nicht zu, wenn

1. durch den Mietvertrag ein Mietverhältnis über dieselben Wohnräume fortgesetzt, verlängert oder erneuert wird,

2. der Mietvertrag über Wohnräume abgeschlossen wird, deren Eigentümer, Verwalter, Mieter oder Vermieter der Wohnungsvermittler ist, oder

3. der Mietvertrag über Wohnräume abgeschlossen wird, deren Eigentümer, Verwalter oder Vermieter eine juristische Person ist, an der der Wohnungsvermittler rechtlich oder wirtschaftlich beteiligt ist. Das gleiche gilt, wenn eine natürliche oder juristische Person Eigentümer, Verwalter oder Vermieter von Wohnräumen ist und ihrerseits an einer juristischen Person, die sich als Wohnungsvermittler betätigt, rechtlich oder wirtschaftlich beteiligt ist.

(3) Ein Anspruch nach Absatz 1 Satz 1 steht dem Wohnungsvermittler gegenüber dem Wohnungssuchenden nicht zu, wenn der Mietvertrag über öffentlich geförderte Wohnungen oder über sonstige preisgebundene Wohnungen abgeschlossen wird, die nach dem 20. Juni 1948 bezugsfertig geworden sind oder bezugsfertig werden. Satz 1 gilt auch für die Wohnungen, die nach den §§ 88d und 88e

des Zweiten Wohnungsbaugesetzes, nach dem Wohnraumförderungsgesetz oder nach entsprechenden landesrechtlichen Vorschriften gefördert werden, solange das Belegungsrecht besteht. Das gleiche gilt für die Vermittlung einzelner Wohnräume der in den Sätzen 1 und 2 genannten Wohnungen.

(4) Vorschüsse dürfen nicht gefordert, vereinbart oder angenommen werden.

(5) Eine Vereinbarung ist unwirksam, wenn

1. sie von den Absätzen 1 bis 4 abweicht oder

2. durch sie der Wohnungssuchende verpflichtet wird, ein vom Vermieter oder einem Dritten geschuldetes Vermittlungsentgelt zu zahlen.

§ 2: Gilt in Berlin und im Saarland in der Fassung des § 9 Abs. 3

§ 3

(1) Das Entgelt nach § 2 Abs. 1 Satz 1 ist in einem Bruchteil oder Vielfachen der Monatsmiete anzugeben.

(2) Der Wohnungsvermittler darf vom Wohnungssuchenden für die Vermittlung oder den Nachweis der Gelegenheit zum Abschluß von Mietverträgen über Wohnräume kein Entgelt fordern, sich versprechen lassen oder annehmen, das zwei Monatsmieten zuzüglich der gesetzlichen Umsatzsteuer übersteigt. Nebenkosten, über die gesondert abzurechnen ist, bleiben bei der Berechnung der Monatsmiete unberücksichtigt.

(3) Außer dem Entgelt nach § 2 Abs. 1 Satz 1 dürfen für Tätigkeiten, die mit der Vermittlung oder dem Nachweis der Gelegenheit zum Abschluß von Mietverträgen über Wohnräume zusammenhängen, sowie für etwaige Neben-

leistungen keine Vergütungen irgendwelcher Art, insbesondere keine Einschreibgebühren, Schreibgebühren oder Auslagenerstattungen, vereinbart oder angenommen werden. Dies gilt nicht, soweit die nachgewiesenen Auslagen eine Monatsmiete übersteigen. Es kann jedoch vereinbart werden, daß bei Nichtzustandekommen eines Mietvertrages die in Erfüllung des Auftrages nachweisbar entstandenen Auslagen zu erstatten sind.

(4) Eine Vereinbarung, durch die der Auftraggeber sich im Zusammenhang mit dem Auftrag verpflichtet, Waren zu beziehen oder Dienst- oder Werkleistungen in Anspruch zu nehmen, ist unwirksam. Die Wirksamkeit des Vermittlungsvertrags bleibt unberührt. Satz 1 gilt nicht, wenn die Verpflichtung die Übernahme von Einrichtungs- oder Ausstattungsgegenständen des bisherigen Inhabers der Wohnräume zum Gegenstand hat.

§ 4

Der Wohnungsvermittler und der Auftraggeber können vereinbaren, daß bei Nichterfüllung von vertraglichen Verpflichtungen eine Vertragsstrafe zu zahlen ist. Die Vertragsstrafe darf 10 Prozent des gemäß § 2 Abs. 1 Satz 1 vereinbarten Entgelts, höchstens jedoch 25 Euro nicht übersteigen.

§ 4a

(1) Eine Vereinbarung, die den Wohnungssuchenden oder für ihn einen Dritten verpflichtet, ein Entgelt dafür zu leisten, daß der bisherige Mieter die gemieteten Wohnräume räumt, ist unwirksam. Die Erstattung von Kosten, die dem bisherigen Mieter nachweislich für den Umzug entstehen, ist davon ausgenommen.

(2) Ein Vertrag, durch den der Wohnungssuchende sich im Zusammenhang mit dem Abschluß eines Mietvertrages über Wohnräume verpflichtet, von dem Vermieter oder dem bisherigen Mieter eine Einrichtung oder ein Inventarstück zu erwerben, ist im Zweifel unter der aufschiebenden Bedingung geschlossen, daß der Mietvertrag zustande kommt. Die Vereinbarung über das Entgelt ist unwirksam, soweit dieses in einem auffälligen Mißverhältnis zum Wert der Einrichtung oder des Inventarstücks steht.

§ 5

(1) Soweit an den Wohnungsvermittler ein ihm nach diesem Gesetz nicht zustehendes Entgelt, eine Vergütung anderer Art, eine Auslagenerstattung, ein Vorschuß oder eine Vertragsstrafe, die den in § 4 genannten Satz übersteigt, geleistet worden ist, kann die Leistung nach den allgemeinen Vorschriften des bürgerlichen Rechts zurückgefordert werden; die Vorschrift des § 817 Satz 2 des Bürgerlichen Gesetzbuchs ist nicht anzuwenden.

(2) Soweit Leistungen auf Grund von Vereinbarungen erbracht worden sind, die nach § 2 Absatz 5 Nummer 2 oder § 4a unwirksam oder nicht wirksam geworden sind, ist Absatz 1 entsprechend anzuwenden.

§ 6

(1) Der Wohnungsvermittler darf Wohnräume nur anbieten, wenn er dazu einen Auftrag von dem Vermieter oder einem anderen Berechtigten hat.

(2) Der Wohnungsvermittler darf öffentlich, insbesondere in Zeitungsanzeigen, auf Aushängetafeln und dergleichen, nur unter Angabe seines Namens und der Bezeich-

nung als Wohnungsvermittler Wohnräume anbieten oder suchen; bietet er Wohnräume an, so hat er auch den Mietpreis der Wohnräume anzugeben und darauf hinzuweisen, ob Nebenleistungen besonders zu vergüten sind.

§ 7

Die Vorschriften des § 3 Abs. 1 und des § 6 gelten nur, soweit der Wohnungsvermittler die in § 1 Abs. 1 bezeichnete Tätigkeit gewerbsmäßig ausübt.

§ 8

(1) Ordnungswidrig handelt, wer als Wohnungsvermittler vorsätzlich oder fahrlässig

1.entgegen § 2 Absatz 1a vom Wohnungssuchenden ein Entgelt fordert, sich versprechen lässt oder annimmt,

1a. entgegen § 3 Abs. 1 das Entgelt nicht in einem Bruchteil oder Vielfachen der Monatsmiete angibt,

2.entgegen § 3 Abs. 2 ein Entgelt fordert, sich versprechen läßt oder annimmt, das den dort genannten Betrag übersteigt,

3. entgegen § 6 Abs. 1 ohne Auftrag Wohnräume anbietet oder

4. entgegen § 6 Abs. 2 seinen Namen, die Bezeichnung als Wohnungsvermittler oder den Mietpreis nicht angibt oder auf Nebenkosten nicht hinweist.

(2) Die Ordnungswidrigkeit nach Absatz 1 Nummer 1 und 2 kann mit einer Geldbuße bis zu 25 000 Euro, die Ordnungswidrigkeit nach Absatz 1 Nummer 1a, 3 und 4 mit einer Geldbuße bis zu 2 500 Euro geahndet werden.

§ 9

(1)

(2)

(3) § 2 gilt für das Land Berlin und für das Saarland mit der Maßgabe, daß das Datum "20. Juni 1948" für das Land Berlin durch das Datum "24. Juni 1948", für das Saarland durch das Datum "1. April 1948" zu ersetzen ist.

5.5 Gesetz über außergerichtliche Rechtsdienstleistungen (RDG)

Ausfertigungsdatum: 12.12.2007

Stand: 06.12.2011

TEIL 1
Allgemeine Vorschriften

§ 1 *Anwendungsbereich*

(1) Dieses Gesetz regelt die Befugnis, außergerichtliche Rechtsdienstleistungen zu erbringen. Es dient dazu, die Rechtsuchenden, den Rechtsverkehr und die Rechtsordnung vor unqualifizierten Rechtsdienstleistungen zu schützen.

(2) Regelungen in anderen Gesetzen über die Befugnis, Rechtsdienstleistungen zu erbringen, bleiben unberührt.

§ 2 *Begriff der Rechtsdienstleistung*

(1) Rechtsdienstleistung ist jede Tätigkeit in konkreten fremden Angelegenheiten, sobald sie eine rechtliche Prüfung des Einzelfalls erfordert.

(2) Rechtsdienstleistung ist, unabhängig vom Vorliegen der Voraussetzungen des Absatzes 1, die Einziehung fremder oder zum Zweck der Einziehung auf fremde Rechnung abgetretener Forderungen, wenn die Forderungseinzie-

hung als eigenständiges Geschäft betrieben wird (Inkassodienstleistung). Abgetretene Forderungen gelten für den bisherigen Gläubiger nicht als fremd.

(3) Rechtsdienstleistun ist nicht:

1. die Erstattung wissenschaftlicher Gutachten,

2. die Tätigkeit von Einigungs- und Schlichtungsstellen, Schiedsrichterinnen und Schiedsrichtern,

3. die Erörterung der die Beschäftigten berührenden Rechtsfragen mit ihren gewählten Interessenvertretungen, soweit ein Zusammenhang zu den Aufgaben dieser Vertretungen besteht,

4. die Mediation und jede vergleichbare Form der alternativen Streitbeilegung, sofern die Tätigkeit nicht durch rechtliche Regelungsvorschläge in die Gespräche der Beteiligten eingreift,

5. die an die Allgemeinheit gerichtete Darstellung und Erörterung von Rechtsfragen und Rechtsfällen in den Medien,

6. die Erledigung von Rechtsangelegenheiten innerhalb verbundener Unternehmen (§ 15 des Aktiengesetzes).

§ 3 Befugnis zur Erbringung außergerichtlicher Rechtsdienstleistungen

Die selbständige Erbringung außergerichtlicher Rechtsdienstleistungen ist nur in dem Umfang zulässig, in dem sie durch dieses Gesetz oder durch oder aufgrund anderer Gesetze erlaubt wird.

§ 4 Unvereinbarkeit mit einer anderen Leistungspflicht

Rechtsdienstleistungen, die unmittelbaren Einfluss auf

die Erfüllung einer anderen Leistungspflicht haben können, dürfen nicht erbracht werden, wenn hierdurch die ordnungsgemäße Erbringung der Rechtsdienstleistung gefährdet wird.

§ 5 Rechtsdienstleistungen im Zusammenhang mit einer anderen Tätigkeit

(1) Erlaubt sind Rechtsdienstleistungen im Zusammenhang mit einer anderen Tätigkeit, wenn sie als Nebenleistung zum Berufs- oder Tätigkeitsbild gehören. Ob eine Nebenleistung vorliegt, ist nach ihrem Inhalt, Umfang und sachlichen Zusammenhang mit der Haupttätigkeit unter Berücksichtigung der Rechtskenntnisse zu beurteilen, die für die Haupttätigkeit erforderlich sind.

(2) Als erlaubte Nebenleistungen gelten Rechtsdienstleistungen, die im Zusammenhang mit einer der folgenden Tätigkeiten erbracht werden:

1. Testamentsvollstreckung,
2. Haus- und Wohnungsverwaltung,
3. Fördermittelberatung.

TEIL 2
Rechtsdienstleistungen durch nicht registrierte Personen

§ 6 Unentgeltliche Rechtsdienstleistungen

(1) Erlaubt sind Rechtsdienstleistungen, die nicht im Zusammenhang mit einer entgeltlichen Tätigkeit stehen (unentgeltliche Rechtsdienstleistungen).

(2) Wer unentgeltliche Rechtsdienstleistungen außerhalb familiärer, nachbarschaftlicher oder ähnlich enger persönlicher Beziehungen erbringt, muss sicherstellen,

dass die Rechtsdienstleistung durch eine Person, der die entgeltliche Erbringung dieser Rechtsdienstleistung erlaubt ist, durch eine Person mit Befähigung zum Richteramt oder unter Anleitung einer solchen Person erfolgt. Anleitung erfordert eine an Umfang und Inhalt der zu erbringenden Rechtsdienstleistungen ausgerichtete Einweisung und Fortbildung sowie eine Mitwirkung bei der Erbringung der Rechtsdienstleistung, soweit dies im Einzelfall erforderlich ist.

§ 7 Berufs- und Interessenvereinigungen, Genossenschaften

(1) Erlaubt sind Rechtsdienstleistungen, die

1. berufliche oder andere zur Wahrung gemeinschaftlicher Interessen gegründete Vereinigungen und deren Zusammenschlüsse,

2. Genossenschaften, genossenschaftliche Prüfungsverbände und deren Spitzenverbände sowie genossenschaftliche Treuhandstellen und ähnliche genossenschaftliche Einrichtungen

im Rahmen ihres satzungsmäßigen Aufgabenbereichs für ihre Mitglieder oder für die Mitglieder der ihnen angehörenden Vereinigungen oder Einrichtungen erbringen, soweit sie gegenüber der Erfüllung ihrer übrigen satzungsmäßigen Aufgaben nicht von übergeordneter Bedeutung sind. Die Rechtsdienstleistungen können durch eine im alleinigen wirtschaftlichen Eigentum der in Satz 1 genannten Vereinigungen oder Zusammenschlüsse stehende juristische Person erbracht werden.

(2) Wer Rechtsdienstleistungen nach Absatz 1 erbringt, muss über die zur sachgerechten Erbringung dieser

Rechtsdienstleistungen erforderliche personelle, sachliche und finanzielle Ausstattung verfügen und sicherstellen, dass die Rechtsdienstleistung durch eine Person, der die entgeltliche Erbringung dieser

Ein Service des Bundesministeriums der Justiz in Rechtsdienstleistung erlaubt ist, durch eine Person mit Befähigung zum Richteramt oder unter Anleitung einer solchen Person erfolgt. § 6 Abs. 2 Satz 2 gilt entsprechend.

§ 8 Öffentliche und öffentlich anerkannte Stellen

(1) Erlaubt sind Rechtsdienstleistungen, die

1. gerichtlich oder behördlich bestellte Personen,

2. Behörden und juristische Personen des öffentlichen Rechts einschließlich der von ihnen zur Erfüllung ihrer öffentlichen Aufgaben gebildeten Unternehmen und Zusammenschlüsse,

3. nach Landesrecht als geeignet anerkannte Personen oder Stellen im Sinn des § 305 Abs. 1 Nr. 1 der Insolvenzordnung,

4. Verbraucherzentralen und andere mit öffentlichen Mitteln geförderte Verbraucherverbände,

5. Verbände der freien Wohlfahrtspflege im Sinn des § 5 des Zwölften Buches Sozialgesetzbuch, anerkannte Träger der freien Jugendhilfe im Sinn des § 75 des Achten Buches Sozialgesetzbuch und anerkannte Verbände zur Förderung der Belange behinderter Menschen im Sinn des § 13 Abs. 3 des Behindertengleichstellungsgesetzes im Rahmen ihres Aufgaben- und Zuständigkeitsbereichs erbringen.

(2) Für die in Absatz 1 Nr. 4 und 5 genannten Stellen gilt § 7 Abs. 2 entsprechend.

§ 9 *Untersagung von Rechtsdienstleistungen*

(1) Die für den Wohnsitz einer Person oder den Sitz einer Vereinigung zuständige Behörde kann den in den §§ 6, 7 Abs. 1 und § 8 Abs. 1 Nr. 4 und 5 genannten Personen und Vereinigungen die weitere Erbringung von Rechtsdienstleistungen für längstens fünf Jahre untersagen, wenn begründete Tatsachen die Annahme dauerhaft unqualifizierter Rechtsdienstleistungen zum Nachteil der Rechtsuchenden oder des Rechtsverkehrs rechtfertigen. Das ist insbesondere der Fall, wenn erhebliche Verstöße gegen die Pflichten nach § 6 Abs. 2, § 7 Abs. 2 oder § 8 Abs. 2 vorliegen.

(2) Die bestandskräftige Untersagung ist bei der zuständigen Behörde zu registrieren und im Rechtsdienstleistungsregister nach § 16 öffentlich bekannt zu machen.

(3) Von der Untersagung bleibt die Befugnis, unentgeltliche Rechtsdienstleistungen innerhalb familiärer, nachbarschaftlicher oder ähnlich enger persönlicher Beziehungen zu erbringen, unberührt.

Teil 3
Rechtsdienstleistungen durch registrierte Personen

§ 10 *Rechtsdienstleistungen aufgrund besonderer Sachkunde*

(1) Natürliche und juristische Personen sowie Gesellschaften ohne Rechtspersönlichkeit, die bei der zuständigen Behörde registriert sind (registrierte Personen), dürfen

aufgrund besonderer Sachkunde Rechtsdienstleistungen in folgenden Bereichen erbringen:

1. Inkassodienstleistungen (§ 2 Abs. 2 Satz 1),

2. Rentenberatung auf dem Gebiet der gesetzlichen Renten- und Unfallversicherung, des sozialen Entschädigungsrechts, des übrigen Sozialversicherungs- und Schwerbehindertenrechts mit Bezug zu einer gesetzlichen Rente sowie der betrieblichen und berufsständischen Versorgung,

3. Rechtsdienstleistungen in einem ausländischen Recht; ist das ausländische Recht das Recht eines Mitgliedstaates der Europäischen Union, eines anderen Vertragsstaates des Abkommens über den Europäischen Wirtschaftsraum oder der Schweiz, darf auch auf dem Gebiet des Rechts der Europäischen Union und des Rechts des Europäischen Wirtschaftsraums beraten werden. Das Bundesministerium der Justiz wird ermächtigt, durch Rechtsverordnung mit Zustimmung des Bundesrates Teilbereiche der in Satz 1 genannten Bereiche zu bestimmen.

(2) Die Registrierung erfolgt auf Antrag. Soweit nach Absatz 1 Satz 2 Teilbereiche bestimmt sind, kann der Antrag auf einen oder mehrere dieser Teilbereiche beschränkt werden.

(3) Die Registrierung kann, wenn dies zum Schutz der Rechtsuchenden oder des Rechtsverkehrs erforderlich ist, von Bedingungen abhängig gemacht oder mit Auflagen verbunden werden. Im Bereich der Inkassodienstleistungen soll die Auflage angeordnet werden, fremde Gelder unverzüglich an eine empfangsberechtigte Person weiterzuleiten oder auf ein gesondertes Konto einzuzahlen. Auf-

lagen können jederzeit angeordnet oder geändert werden.

§ 11 Besondere Sachkunde, Berufsbezeichnungen

(1) Inkassodienstleistungen erfordern besondere Sachkunde in den für die beantragte Inkassotätigkeit bedeutsamen Gebieten des Rechts, insbesondere des Bürgerlichen Rechts, des Handels-, Wertpapier- und Gesellschaftsrechts, des Zivilprozessrechts einschließlich des Zwangsvollstreckungs- und Insolvenzrechts sowie des Kostenrechts.

(2) Rentenberatung erfordert besondere Sachkunde im Recht der gesetzlichen Renten- und Unfallversicherung und in den übrigen Teilbereichen des § 10 Abs. 1 Satz 1 Nr. 2, für die eine Registrierung beantragt wird, Kenntnisse über Aufbau, Gliederung und Strukturprinzipien der sozialen Sicherung sowie Kenntnisse der gemeinsamen, für alle Sozialleistungsbereiche geltenden Rechtsgrundsätze einschließlich des sozialrechtlichen Verwaltungsverfahrens und des sozialgerichtlichen Verfahrens.

(3) Rechtsdienstleistungen in einem ausländischen Recht erfordern besondere Sachkunde in dem ausländischen Recht oder in den Teilbereichen des ausländischen Rechts, für die eine Registrierung beantragt wird.

(4) Berufsbezeichnungen, die den Begriff „Inkasso" enthalten, sowie die Berufsbezeichnung „Rentenberaterin" oder „Rentenberater" oder diesen zum Verwechseln ähnliche Bezeichnungen dürfen nur von entsprechend registrierten Personen geführt werden.

§ 12 Registrierungsvoraussetzungen

(1) Voraussetzungen für die Registrierung sind

1. persönliche Eignung und Zuverlässigkeit; die Zuverlässigkeit fehlt in der Regel,

a) wenn die Person in den letzten drei Jahren vor Antragstellung wegen eines Verbrechens oder eines die Berufsausübung betreffenden Vergehens rechtskräftig verurteilt worden ist,

b) wenn die Vermögensverhältnisse der Person ungeordnet sind,

c) wenn in den letzten drei Jahren vor Antragstellung eine Registrierung nach § 14 oder eine Zulassung zur Rechtsanwaltschaft nach § 14 Abs. 2 Nr. 1 bis 3 und 7 bis 9 der Bundesrechtsanwaltsordnung widerrufen, die Zulassung zur Rechtsanwaltschaft nach § 14 Abs. 1 der Bundesrechtsanwaltsordnung zurückgenommen oder nach § 7 der Bundesrechtsanwaltsordnung versagt worden oder ein Ausschluss aus der Rechtsanwaltschaft erfolgt ist,

2. theoretische und praktische Sachkunde in dem Bereich oder den Teilbereichen des § 10 Abs. 1, in denen die Rechtsdienstleistungen erbracht werden sollen,

3. eine Berufshaftpflichtversicherung mit einer Mindestversicherungssumme von 250 000 Euro für jeden Versicherungsfall.

(2) Die Vermögensverhältnisse einer Person sind in der Regel ungeordnet, wenn über ihr Vermögen das Insolvenzverfahren eröffnet worden oder sie in das vom Vollstreckungsgericht zu führende Verzeichnis (§ 26 Abs. 2 der Insolvenzordnung, § 882b der Zivilprozessordnung) eingetragen ist. Ungeordnete Vermögensverhältnisse liegen nicht vor, wenn im Fall der Insolvenzeröffnung die Gläu-

bigerversammlung einer Fortführung des Unternehmens auf der Grundlage eines Insolvenzplans zugestimmt und das Gericht den Plan bestätigt hat, oder wenn die Vermögensinteressen der Rechtsuchenden aus anderen Gründen nicht konkret gefährdet sind.

(3) Die theoretische Sachkunde ist gegenüber der zuständigen Behörde durch Zeugnisse nachzuweisen. Praktische Sachkunde setzt in der Regel eine mindestens zwei Jahre unter Anleitung erfolgte Berufsausübung oder praktische Berufsausbildung voraus. Besitzt die Person eine Berufsqualifikation, die in einem anderen Mitgliedstaat der Europäischen Union, einem anderen Vertragsstaat des Abkommens über den Europäischen Wirtschaftsraum oder in der Schweiz erforderlich ist, um in dem Gebiet dieses Staates einen in § 10 Absatz 1 genannten oder einen vergleichbaren Beruf auszuüben, oder hat die Person einen solchen Beruf während der vorhergehenden zehn Jahre in Vollzeit zwei Jahre in einem der genannten Staaten ausgeübt, der diesen Beruf nicht reglementiert, so ist die Sachkunde unter Berücksichtigung dieser Berufsqualifikation oder Berufsausübung durch einen mindestens sechsmonatigen Anpassungslehrgang nachzuweisen. Das Berufsqualifikationsfeststellungsgesetz ist nicht anzuwenden.

(4) Juristische Personen und Gesellschaften ohne Rechtspersönlichkeit müssen mindestens eine natürliche Person benennen, die alle nach Absatz 1 Nr. 1 und 2 erforderlichen Voraussetzungen erfüllt (qualifizierte Person). Die qualifizierte Person muss in dem Unternehmen dauerhaft beschäftigt, in allen Angelegenheiten, die Rechtsdienstleistungen des Unternehmens betreffen, weisungs-

unabhängig und weisungsbefugt sowie zur Vertretung nach außen berechtigt sein. Registrierte Einzelpersonen können qualifizierte Personen benennen.

(5) Das Bundesministerium der Justiz wird ermächtigt, durch Rechtsverordnung mit Zustimmung des Bundesrates die Einzelheiten zu den Voraussetzungen der Registrierung nach den §§ 11 und 12 zu regeln, insbesondere die Anforderungen an die Sachkunde und ihren Nachweis einschließlich der Anerkennung und Zertifizierung privater Anbieter von Sachkundelehrgängen, an die Anerkennung ausländischer Berufsqualifikationen und den Anpassungslehrgang sowie, auch abweichend von den Vorschriften des Versicherungsvertragsgesetzes für die Pflichtversicherung, an Inhalt und Ausgestaltung der Berufshaftpflichtversicherung.

§ 13 Registrierungsverfahren

(1) Der Antrag auf Registrierung ist an die für den Ort der inländischen Hauptniederlassung zuständige Behörde zu richten. Hat eine Person im Inland keine Niederlassung, so kann sie den Antrag an jede nach § 19 für die Durchführung dieses Gesetzes zuständige Behörde richten. Das Registrierungsverfahren kann auch über eine einheitliche Stelle nach den Vorschriften des Verwaltungsverfahrensgesetzes abgewickelt werden. Mit dem Antrag, der alle nach § 16 Abs. 2 Nr. 1 Buchstabe a bis d in das Rechtsdienstleistungsregister einzutragenden Angaben enthalten muss, sind zur Prüfung der Voraussetzungen nach § 12 Abs. 1 Nr. 1 und 2 sowie Abs. 4 beizubringen:

1. eine zusammenfassende Darstellung des beruflichen Ausbildungsgangs und der bisherigen Berufsaus-

übung,

2. ein Führungszeugnis nach § 30 Abs. 5 des Bundeszentralregistergesetzes, 3. eine Erklärung, ob ein Insolvenzverfahren anhängig oder in den letzten drei Jahren vor Antragstellung eine Eintragung in ein Schuldnerverzeichnis (§ 26 Abs. 2 der Insolvenzordnung, § 882b der Zivilprozessordnung) erfolgt ist,

4. eine Erklärung, ob in den letzten drei Jahren vor Antragstellung eine Registrierung oder eine Zulassung zur Rechtsanwaltschaft versagt, zurückgenommen oder widerrufen wurde oder ein Ausschluss aus der Rechtsanwaltschaft erfolgt ist, und, wenn dies der Fall ist, eine Kopie des Bescheids,

5. Unterlagen zum Nachweis der theoretischen und praktischen Sachkunde.In den Fällen des § 12 Abs. 4 müssen die in Satz 3 genannten Unterlagen sowie Unterlagen zum Nachweis der in § 12 Abs. 4 Satz 2 genannten Voraussetzungen für jede qualifizierte Person gesondert beigebracht werden. (2) Über den Antrag ist innerhalb einer Frist von drei Monaten zu entscheiden; § 42a Absatz 2 Satz 2 bis 4 des Verwaltungsverfahrensgesetzes gilt entsprechend. Wenn die Registrierungsvoraussetzungen nach § 12 Absatz 1 Nummer 1 und 2 sowie Absatz 4 vorliegen, fordert die zuständige Behörde den Antragsteller vor Ablauf der Frist nach Satz 1 auf, den Nachweis über die Berufshaftpflichtversicherung sowie über die Erfüllung von Bedingungen (§ 10 Absatz 3 Satz 1) zu erbringen. Sobald diese Nachweise erbracht sind, nimmt sie die Registrierung vor und veranlasst ihre öffentliche Bekanntmachung im Rechtsdienstleistungsregister.

(3) Registrierte Personen oder ihre Rechtsnachfolger müssen alle Änderungen, die sich auf die Registrierung oder den Inhalt des Rechtsdienstleistungsregisters auswirken, der zuständigen Behörde unverzüglich in Textform mitteilen. Diese veranlasst die notwendigen Registrierungen und ihre öffentliche Bekanntmachung im Rechtsdienstleistungsregister. Wirkt sich eine Verlegung der Hauptniederlassung auf die Zuständigkeit nach Absatz 1 Satz 1 aus, so gibt die Behörde den Vorgang an die Behörde ab, die für den Ort der neuen Hauptniederlassung zuständig ist. Diese unterrichtet die registrierte Person über die erfolgte Übernahme, registriert die Änderung und veranlasst ihre öffentliche Bekanntmachung im Rechtsdienstleistungsregister.

(4) Das Bundesministerium der Justiz wird ermächtigt, durch Rechtsverordnung mit Zustimmung des Bundesrates die Einzelheiten des Registrierungsverfahrens zu regeln. Dabei sind insbesondere Aufbewahrungs- und Löschungsfristen vorzusehen.

§ 13a Aufsichtsmaßnahmen

(1) Die zuständige Behörde übt die Aufsicht über die Einhaltung dieses Gesetzes aus.

(2) Die zuständige Behörde trifft gegenüber Personen, die Rechtsdienstleistungen erbringen, Maßnahmen, um die Einhaltung dieses Gesetzes sicherzustellen. Sie kann insbesondere Auflagen nach § 10 Absatz 3 Satz 3 anordnen oder ändern.

(3) Die zuständige Behörde kann einer Person, die Rechtsdienstleistungen erbringt, den Betrieb vorübergehend ganz oder teilweise untersagen, wenn begründete

Tatsachen die Annahme rechtfertigen, dass

1. eine Voraussetzung für die Registrierung nach § 12 weggefallen ist oder

2. erheblich oder dauerhaft gegen Pflichten verstoßen wird.

(4) Soweit es zur Erfüllung der der zuständigen Behörde als Aufsichtsbehörde übertragenen Aufgaben erforderlich ist, hat die Person, die Rechtsdienstleistungen erbringt, der zuständigen Behörde und den in ihrem Auftrag handelnden Personen das Betreten der Geschäftsräume während der üblichen Betriebszeiten zu gestatten, auf Verlangen die in Betracht kommenden Bücher, Aufzeichnungen, Belege, Schriftstücke und sonstigen Unterlagen in geeigneter Weise zur Einsicht vorzulegen, auch soweit sie elektronisch geführt werden, Auskunft zu erteilen und die erforderliche Unterstützung zu gewähren. Der zur Erteilung einer Auskunft Verpflichtete kann die Auskunft verweigern, wenn er sich damit selbst oder einen der in § 383 Absatz 1 Nummer 1 bis 3 der Zivilprozessordnung bezeichneten Angehörigen der Gefahr der Verfolgung wegen einer Straftat oder eines Verfahrens nach dem Gesetz über Ordnungswidrigkeiten aussetzen würde. Er ist auf dieses Recht hinzuweisen.

§ 14 Widerruf der Registrierung

Die zuständige Behörde widerruft die Registrierung unbeschadet des § 49 des Verwaltungsverfahrensgesetzes oder entsprechender landesrechtlicher Vorschriften,

1. wenn begründete Tatsachen die Annahme rechtfertigen, dass die registrierte Person oder eine qualifizierte Person die erforderliche persönliche Eignung oder Zuver-

lässigkeit nicht mehr besitzt; dies ist in der Regel der Fall, wenn einer der in § 12 Abs. 1 Nr. 1 genannten Gründe nachträglich eintritt oder die registrierte Person beharrlich Änderungsmitteilungen nach § 13 Abs. 3 Satz 1 unterlässt,

2. wenn die registrierte Person keine Berufshaftpflichtversicherung nach § 12 Abs. 1 Nr. 3 mehr unterhält,

3. wenn begründete Tatsachen die Annahme dauerhaft unqualifizierter Rechtsdienstleistungen zum Nachteil der Rechtsuchenden oder des Rechtsverkehrs rechtfertigen; dies ist in der Regel der Fall, wenn die registrierte Person in erheblichem Umfang Rechtsdienstleistungen über die eingetragene Befugnis hinaus erbringt oder beharrlich gegen Auflagen verstößt,

4. wenn eine juristische Person oder eine Gesellschaft ohne Rechtspersönlichkeit, die keine weitere qualifizierte Person benannt hat, bei Ausscheiden der qualifizierten Person nicht innerhalb von sechs Monaten eine qualifizierte Person benennt.

§ 15 Vorübergehende Rechtsdienstleistungen

(1) Natürliche und juristische Personen sowie Gesellschaften ohne Rechtspersönlichkeit, die in einem anderen Mitgliedstaat der Europäischen Union, in einem anderen Vertragsstaat des Abkommens über den Europäischen Wirtschaftsraum oder in der Schweiz zur Ausübung eines in § 10 Abs. 1 genannten oder eines vergleichbaren Berufs rechtmäßig niedergelassen sind, dürfen diesen Beruf auf dem Gebiet der Bundesrepublik Deutschland mit denselben Befugnissen wie eine nach § 10 Abs. 1 registrierte Person vorübergehend und gelegentlich ausüben (vorüberge-

hende Rechtsdienstleistungen). Wenn weder der Beruf noch die Ausbildung zu diesem Beruf im Staat der Niederlassung reglementiert sind, gilt dies nur, wenn die Person oder Gesellschaft den Beruf dort während der vorhergehenden zehn Jahre mindestens zwei Jahre ausgeübt hat. Ob Rechtsdienstleistungen vorübergehend und gelegentlich erbracht werden, ist insbesondere anhand ihrer Dauer, Häufigkeit, regelmäßigen Wiederkehr und Kontinuität zu beurteilen.

(2) Vorübergehende Rechtsdienstleistungen sind nur zulässig, wenn die Person oder Gesellschaft vor der ersten Erbringung von Dienstleistungen im Inland der nach § 13 Abs. 1 Satz 2 zuständigen Behörde in Textform eine Meldung mit dem Inhalt nach Satz 2 erstattet. Die Meldung muss neben den nach § 16 Abs. 2 Nr. 1 Buchstabe a bis c im Rechtsdienstleistungsregister öffentlich bekanntzumachenden Angaben enthalten:

1. eine Bescheinigung darüber, dass die Person oder Gesellschaft in einem Mitgliedstaat der Europäischen Union, in einem anderen Vertragsstaat des Abkommens über den Europäischen Wirtschaftsraum oder in der Schweiz rechtmäßig zur Ausübung eines der in § 10 Abs. 1 genannten Berufe oder eines vergleichbaren Berufs niedergelassen ist und dass ihr die Ausübung dieser Tätigkeit zum Zeitpunkt der Vorlage der Bescheinigung nicht, auch nicht vorübergehend, untersagt ist,

2. einen Nachweis darüber, dass die Person oder Gesellschaft den Beruf im Staat der Niederlassung während der vorhergehenden zehn Jahre mindestens zwei Jahre rechtmäßig ausgeübt hat, wenn der Beruf dort nicht regle-

mentiert ist,

3. eine Information über das Bestehen oder Nichtbestehen und den Umfang einer Berufshaftpflichtversicherung oder eines anderen individuellen oder kollektiven Schutzes in Bezug auf die Berufshaftpflicht,

4. die Angabe der Berufsbezeichnung, unter der die Tätigkeit im Inland zu erbringen ist.

§ 13 Abs. 3 Satz 1 gilt entsprechend. Die Meldung ist jährlich zu wiederholen, wenn die Person oder Gesellschaft nach Ablauf eines Jahres erneut vorübergehende Rechtsdienstleistungen im Inland erbringen will. In diesem Fall ist die Information nach Satz 2 Nr. 3 erneut vorzulegen.

(3) Sobald die Meldung nach Absatz 2 vollständig vorliegt, nimmt die zuständige Behörde eine vorübergehende

Registrierung oder ihre Verlängerung um ein Jahr vor und veranlasst die öffentliche Bekanntmachung im Rechtsdienstleistungsregister. Das Verfahren ist kostenfrei.

(4) Vorübergehende Rechtsdienstleistungen sind unter der in der Sprache des Niederlassungsstaats für die Tätigkeit bestehenden Berufsbezeichnung zu erbringen. Eine Verwechslung mit den in § 11 Abs. 4 aufgeführten Berufsbezeichnungen muss ausgeschlossen sein.

(5) Die zuständige Behörde kann einer vorübergehend registrierten Person oder Gesellschaft die weitere Erbringung von Rechtsdienstleistungen untersagen, wenn begründete Tatsachen die Annahme dauerhaft unqualifizierter Rechtsdienstleistungen zum Nachteil der Rechtsuchenden oder des Rechtsverkehrs rechtfertigen. Das ist in

der Regel der Fall, wenn die Person oder Gesellschaft im Staat der Niederlassung nicht mehr rechtmäßig niedergelassen ist oder ihr die Ausübung der Tätigkeit dort untersagt wird, wenn sie nicht über die für die Ausübung der Berufstätigkeit im Inland erforderlichen deutschen Sprachkenntnisse verfügt oder wenn sie beharrlich entgegen Absatz 4 eine unrichtige Berufsbezeichnung führt.

§ 15a Statistik

Über Verfahren nach § 12 Absatz 3 Satz 3 und § 15 wird eine Bundesstatistik durchgeführt. § 17 des Berufsqualifikationsfeststellungsgesetzes ist anzuwenden.

§ 15b Betrieb ohne Registrierung

Werden Rechtsdienstleistungen ohne erforderliche Registrierung oder vorübergehende Registrierung erbracht, so kann die zuständige Behörde die Fortsetzung des Betriebs verhindern.

TEIL 4 Rechtsdienstleistungsregister

§ 16 Inhalt des Rechtsdienstleistungsregisters

(1) Das Rechtsdienstleistungsregister dient der Information der Rechtsuchenden, der Personen, die Rechtsdienstleistungen anbieten, des Rechtsverkehrs und öffentlicher Stellen. Die Einsicht in das Rechtsdienstleistungsregister steht jedem unentgeltlich zu.

(2) Im Rechtsdienstleistungsregister werden unter Angabe der nach § 9 Abs. 1 oder § 13 Abs. 1 zuständigen Behörde und des Datums der jeweiligen Registrierung nur öffentlich bekanntgemacht:

1. die Registrierung von Personen, denen Rechts-

dienstleistungen in einem oder mehreren der in § 10 Abs. 1 genannten Bereiche oder Teilbereiche erlaubt sind, unter Angabe

a) ihres Familiennamens und Vornamens, ihres Namens oder ihrer Firma einschließlich ihrer gesetzlichen Vertreter sowie des Registergerichts und der Registernummer, unter der sie in das Handels-, Partnerschafts-, Genossenschafts- oder Vereinsregister eingetragen sind,

b) ihres Gründungsjahres,

c) ihrer Geschäftsanschrift einschließlich der Anschriften aller Zweigstellen,

d) der für sie nach § 12 Abs. 4 benannten qualifizierten Personen unter Angabe des Familiennamens und Vornamens,

e) des Inhalts und Umfangs der Rechtsdienstleistungsbefugnis einschließlich erteilter Auflagen sowie der Angabe, ob es sich um eine vorübergehende Registrierung nach § 15 handelt und unter welcher Berufsbezeichnung die Rechtsdienstleistungen nach § 15 Abs. 4 im Inland zu erbringen sind,

2. die Registrierung von Personen oder Vereinigungen, denen die Erbringung von Rechtsdienstleistungen nach § 9 Abs. 1 bestandskräftig untersagt worden ist, unter Angabe

a) ihres Familiennamens und Vornamens, ihres Namens oder ihrer Firma einschließlich ihrer gesetzlichen Vertreter sowie des Registergerichts und der Registernummer, unter der sie in das Handels-, Partnerschafts-, Genossenschafts- oder Vereinsregister eingetragen sind,

b) ihres Gründungsjahres,

c) ihrer Anschrift,

d) der Dauer der Untersagung.

Bei öffentlichen Bekanntmachungen nach Nummer 1 werden mit der Geschäftsanschrift auch die Telefonnummer und die E-Mail-Adresse der registrierten Person veröffentlicht, wenn sie in die Veröffentlichung dieser Daten schriftlich eingewilligt hat.

(3) Die öffentliche Bekanntmachung erfolgt durch eine zentrale und länderübergreifende Veröffentlichung im Internet unter der Adresse www.rechtsdienstleistungsregister.de. Die nach § 9 Abs. 1 oder § 13 Abs. 1 zuständige Behörde trägt die datenschutzrechtliche Verantwortung für die von ihr im Rechtsdienstleistungsregister veröffentlichten Daten, insbesondere für die Rechtmäßigkeit ihrer Erhebung, die Zulässigkeit ihrer Veröffentlichung und ihre Richtigkeit. Das Bundesministerium der Justiz wird ermächtigt, durch Rechtsverordnung mit Zustimmung des Bundesrates die Einzelheiten der öffentlichen Bekanntmachung im Internet zu regeln.

§ 17 Löschung von Veröffentlichungen

(1) Die im Rechtsdienstleistungsregister öffentlich bekannt gemachten Daten sind zu löschen

1. bei registrierten Personen mit dem Verzicht auf die Registrierung,

2. bei natürlichen Personen mit ihrem Tod,

3. bei juristischen Personen und Gesellschaften ohne Rechtspersönlichkeit mit ihrer Beendigung,

4. bei Personen, deren Registrierung zurückgenom-

men oder widerrufen worden ist, mit der Bestandskraft der Entscheidung,

5. bei Personen oder Vereinigungen, denen die Erbringung von Rechtsdienstleistungen nach § 9 Abs. 1 untersagt ist, nach Ablauf der Dauer der Untersagung,

6. bei Personen oder Gesellschaften nach § 15 mit Ablauf eines Jahres nach der vorübergehenden Registrierung oder ihrer letzten Verlängerung, im Fall der Untersagung nach § 15 Abs. 5 mit Bestandskraft der Untersagung.

(2) Das Bundesministerium der Justiz wird ermächtigt, durch Rechtsverordnung mit Zustimmung des Bundesrates die Einzelheiten des Löschungsverfahrens zu regeln.

TEIL 5
Datenübermittlung und Zuständigkeiten, Bußgeldvorschriften

§ 18 Umgang mit personenbezogenen Daten

(1) Die zuständigen Behörden dürfen einander und anderen für die Durchführung dieses Gesetzes zuständigen Behörden Daten über Registrierungen nach § 9 Abs. 2, § 10 Abs. 1 und § 15 Abs. 3 übermitteln, soweit die Kenntnis der Daten zur Durchführung dieses Gesetzes erforderlich ist. Sie dürfen die nach § 16 Abs. 2 öffentlich bekanntzumachenden Daten längstens für die Dauer von drei Jahren nach Löschung der Veröffentlichung zentral und länderübergreifend in einer Datenbank speichern und aus dieser im automatisierten Verfahren abrufen; §16 Abs. 3 Satz 2 gilt entsprechend. Gerichte und Behörden dürfen der zuständigen Behörde personenbezogene Daten, deren Kenntnis für die Registrierung, den Widerruf der Registrierung oder

für eine Untersagung nach § 9 Abs. 1 oder § 15 Abs. 5 erforderlich ist, übermitteln, soweit dadurch schutzwürdige Interessen der Person nicht beeinträchtigt werden oder das öffentliche Interesse das Geheimhaltungsinteresse der Person überwiegt.

(2) Die zuständige Behörde darf zum Zweck der Prüfung einer Untersagung nach § 15 Abs. 5 von der zuständigen Behörde des Staates der Niederlassung Informationen über die Rechtmäßigkeit der Niederlassung und über das Vorliegen berufsbezogener disziplinarischer oder strafrechtlicher Sanktionen anfordern und ihr zum Zweck der Prüfung weiterer Maßnahmen die Entscheidung über eine Untersagung nach § 15 Abs. 5 mitteilen. Sie leistet Amtshilfe, wenn die zuständige Behörde eines anderen Mitgliedstaates der Europäischen Union, eines anderen Vertragsstaates des Abkommens über den Europäischen Wirtschaftsraum oder der Schweiz darum unter Berufung auf die Richtlinie 2005/36/EG des Europäischen Parlaments und des Rates vom 7. September 2005 über die Anerkennung von Berufsqualifikationen (ABl. EU Nr. L 255 S. 22) ersucht, und darf zu diesem Zweck personenbezogene Daten, deren Kenntnis für eine berufsbezogene disziplinarische oder strafrechtliche Maßnahme oder ein Beschwerdeverfahren erforderlich ist, von Gerichten und Behörden anfordern und an die zuständige Behörde des anderen Mitgliedstaates übermitteln.

(3) Das Bundesministerium der Justiz wird ermächtigt, die Einzelheiten des Umgangs mit personenbezogenen Daten, insbesondere der Veröffentlichung in dem Rechtsdienstleistungsregister, der Einsichtnahme in das Register,

der Datenübermittlung einschließlich des automatisierten Datenabrufs und der Amtshilfe, durch Rechtsverordnung mit Zustimmung des Bundesrates zu regeln. Dabei ist sicherzustellen, dass die Veröffentlichungen auch während der Datenübermittlung unversehrt, vollständig und aktuell bleiben und jederzeit ihrem Ursprung nach zugeordnet werden können.

§ 19 Zuständigkeit und Übertragung von Befugnissen

(1) Zuständig für die Durchführung dieses Gesetzes sind die Landesjustizverwaltungen, die zugleich zuständige Stellen im Sinn des § 117 Abs. 2 des Gesetzes über den Versicherungsvertrag sind.

(2) Die Landesregierungen werden ermächtigt, die Aufgaben und Befugnisse, die den Landesjustizverwaltungen nach diesem Gesetz zustehen, durch Rechtsverordnung auf diesen nachgeordnete Behörden zu übertragen. Die Landesregierungen können diese Ermächtigung durch Rechtsverordnung auf die Landesjustizverwaltungen übertragen.

§ 20 Bußgeldvorschriften

(1) Ordnungswidrig handelt, wer

1. einer vollziehbaren Anordnung nach § 9 Absatz 1 Satz 1 oder § 15 Absatz 5 Satz 1 zuwiderhandelt,

2. ohne Registrierung nach § 10 Absatz 1 Satz 1 eine dort genannte Rechtsdienstleistung erbringt,

3. einer vollziehbaren Auflage nach § 10 Absatz 3 Satz 1 zuwiderhandelt oder

4. entgegen § 11 Absatz 4 eine dort genannte Berufsbe-

zeichnung oder Bezeichnung führt.

(2) Ordnungswidrig handelt, wer vorsätzlich oder fahrlässig

1. entgegen § 11a Absatz 1 Satz 1 eine dort genannte Information nicht, nicht richtig, nicht vollständig oder nicht rechtzeitig übermittelt,

2. entgegen § 11a Absatz 1 Satz 2 eine Mitteilung nicht, nicht richtig, nicht vollständig oder nicht rechtzeitig macht,

3. entgegen § 15 Absatz 2 Satz 1 eine vorübergehende Rechtsdienstleistung erbringt oder

4. entgegen § 15 Absatz 2 Satz 4 eine dort genannte Meldung nicht, nicht richtig, nicht vollständig oder nicht rechtzeitig wiederholt.

(3) Die Ordnungswidrigkeit kann mit einer Geldbuße bis zu fünfzigtausend Euro geahndet werden.

5.6 Telemediengesetz (TMG)

Ausfertigungsdatum: 26.02.2007

Abschnitt 1
Allgemeine Bestimmungen

§ 1 Anwendungsbereich

(1) Dieses Gesetz gilt für alle elektronischen Informations- und Kommunikationsdienste, soweit sie nicht Telekommunikationsdienste nach § 3 Nr. 24 des Telekommunikationsgesetzes, die ganz in der Übertragung von Signalen über Telekommunikationsnetze bestehen, telekommunikationsgestützte Dienste nach § 3 Nr. 25 des Telekom-

munikationsgesetzes oder Rundfunk nach § 2 des Rundfunkstaatsvertrages sind (Telemedien). Dieses Gesetz gilt für alle Anbieter einschließlich der öffentlichen Stellen unabhängig davon, ob für die Nutzung ein Entgelt erhoben wird.

(2) Dieses Gesetz gilt nicht für den Bereich der Besteuerung.

(3) Das Telekommunikationsgesetz und die Pressegesetze bleiben unberührt.

(4) Die an die Inhalte von Telemedien zu richtenden besonderen Anforderungen ergeben sich aus dem Staatsvertrag für Rundfunk und Telemedien (Rundfunkstaatsvertrag).

(5) Dieses Gesetz trifft weder Regelungen im Bereich des internationalen Privatrechts noch regelt es die Zuständigkeit der Gerichte.

(6) Die besonderen Bestimmungen dieses Gesetzes für audiovisuelle Mediendienste auf Abruf gelten nicht für Dienste, die

1. ausschließlich zum Empfang in Drittländern bestimmt sind und

2. nicht unmittelbar oder mittelbar von der Allgemeinheit mit handelsüblichen Verbraucherendgeräten in einem Staat innerhalb des Geltungsbereichs der Richtlinie 89/552/EWG des Rates vom 3. Oktober 1989 zur Koordinierung bestimmter Rechts- und Verwaltungsvorschriften der Mitgliedstaaten über die Ausübung der Fernsehtätigkeit (ABl. L 298 vom 17.10.1989, S. 23), die zuletzt durch die Richtlinie 2007/65/EG (ABl. L 332 vom 18.12.2007, S. 27)

geändert worden ist, empfangen werden.

§ 2 Begriffsbestimmungen

Im Sinne dieses Gesetzes

1. ist Diensteanbieter jede natürliche oder juristische Person, die eigene oder fremde Telemedien zur Nutzung bereithält oder den Zugang zur Nutzung vermittelt;

bei audiovisuellen Mediendiensten auf Abruf ist Diensteanbieter jede natürliche oder juristische Person, die die Auswahl und Gestaltung der angebotenen Inhalte wirksam kontrolliert,

2. ist niedergelassener Diensteanbieter jeder Anbieter, der mittels einer festen Einrichtung auf unbestimmte Zeit Telemedien geschäftsmäßig anbietet oder erbringt; der Standort der technischen Einrichtung allein begründet keine Niederlassung des Anbieters,

3. ist Nutzer jede natürliche oder juristische Person, die Telemedien nutzt, insbesondere um Informationen zu erlangen oder zugänglich zu machen,

4. sind Verteildienste Telemedien, die im Wege einer Übertragung von Daten ohne individuelle Anforderung gleichzeitig für eine unbegrenzte Anzahl von Nutzern erbracht werden,

5. ist kommerzielle Kommunikation jede Form der Kommunikation, die der unmittelbaren oder mittelbaren Förderung des Absatzes von Waren, Dienstleistungen oder des Erscheinungsbilds eines Unternehmens, einer sonstigen Organisation oder einer natürlichen Person dient, die eine Tätigkeit im Handel, Gewerbe oder Handwerk oder einen freien Beruf ausübt; die Übermittlung der folgenden

Angaben stellt als solche keine Form der kommerziellen Kommunikation dar:

a) Angaben, die unmittelbaren Zugang zur Tätigkeit des Unternehmens oder der Organisation oder Person ermöglichen, wie insbesondere ein Domain-Name oder eine Adresse der elektronischen Post,

b) Angaben in Bezug auf Waren und Dienstleistungen oder das Erscheinungsbild eines Unternehmens, einer Organisation oder Person, die unabhängig und insbesondere ohne finanzielle Gegenleistung gemacht werden.

6. sind „audiovisuelle Mediendienste auf Abruf" Telemedien mit Inhalten, die nach Form und Inhalt fernsehähnlich sind und die von einem Diensteanbieter zum individuellen Abruf zu einem vom Nutzer gewählten Zeitpunkt und aus einem vom Diensteanbieter festgelegten Inhaltekatalog bereitgestellt werden. Einer juristischen Person steht eine Personengesellschaft gleich, die mit der Fähigkeit ausgestattet ist, Rechte zu erwerben und Verbindlichkeiten einzugehen.

§ 2a Europäisches Sitzland

(1) Innerhalb des Geltungsbereichs der Richtlinie 2000/31/EG des Europäischen Parlaments und des Rates vom 8. Juni 2000 über bestimmte rechtliche Aspekte der Dienste der Informationsgesellschaft, insbesondere des elektronischen Geschäftsverkehrs, im Binnenmarkt (ABl. EG Nr. L 178 vom 17.7.2000, S. 1) bestimmt sich das Sitzland des Diensteanbieters danach, wo dieser seine Geschäftstätigkeit tatsächlich ausübt.

Dies ist der Ort, an dem sich der Mittelpunkt der Tätigkeiten des Diensteanbieters im Hinblick auf ein bestimmtes Telemedienangebot befindet.

(2) Innerhalb des Geltungsbereichs der Richtlinie 89/552/EWG bestimmt sich bei audiovisuellen Mediendiensten auf Abruf das Sitzland des Diensteanbieters

a) nach dem Ort der Hauptniederlassung, sofern dort die wirksame Kontrolle über den audiovisuellen Mediendienst ausgeübt wird, und

b) nach dem Ort, in dem ein wesentlicher Teil des mit der Bereitstellung des audiovisuellen Mediendienstes betrauten Personals tätig ist, sofern die wirksame Kontrolle über den audiovisuellen Mediendienst nicht in dem Mitgliedstaat der Europäischen Union oder einem Drittland ausgeübt wird, an dem sich der Ort der Hauptniederlassung befindet; lässt sich nicht feststellen, dass ein wesentlicher Teil des mit der Bereitstellung des audiovisuellen Mediendienstes betrauten Personals an einem bestimmten Ort befindet, bestimmt sich das Sitzland nach dem Ort der Hauptniederlassung.

(3) Liegen die Voraussetzungen nach Absatz 2 Buchstabe a oder b nicht vor, bestimmt sich innerhalb des Geltungsbereichs der Richtlinie 89/552/EWG das Sitzland des Diensteanbieters nach dem Ort, an dem er zuerst mit seiner Tätigkeit nach Maßgabe des Rechts dieses Landes begonnen hat, sofern eine dauerhafte und tatsächliche Verbindung mit der Wirtschaft dieses Landes weiter besteht.

(4) Anbieter von audiovisuellen Mediendiensten auf Abruf, bei denen nach den Absätzen 2 und 3 kein Sitzland innerhalb des Geltungsbereichs der Richtlinie 89/552/EWG festgestellt werden kann, unterliegen dem deutschen

Recht, sofern sie a) eine in Deutschland gelegene Satelliten-Bodenstation für die Aufwärtsstrecke oder b) eine Deutschland gehörende Übertragungskapazität eines Satelliten nutzen.

§ 3 Herkunftslandprinzip

(1) In der Bundesrepublik Deutschland nach § 2a niedergelassene Diensteanbieter und ihre Telemedien unterliegen den Anforderungen des deutschen Rechts auch dann, wenn die Telemedien in einem anderen Staatinnerhalb des Geltungsbereichs der Richtlinien 2000/31/EG und 89/552/EWG geschäftsmäßig angeboten oder erbracht werden.

(2) Der freie Dienstleistungsverkehr von Telemedien, die in der Bundesrepublik Deutschland von Diensteanbietern geschäftsmäßig angeboten oder erbracht werden, die in einem anderen Staat innerhalbdes Geltungsbereichs der Richtlinien 2000/31/EG und 89/552/EWG niedergelassen sind, wird nicht eingeschränkt. Absatz 5 bleibt unberührt.

(3) Von den Absätzen 1 und 2 bleiben unberührt

1. die Freiheit der Rechtswahl,

2. die Vorschriften für vertragliche Schuldverhältnisse in Bezug auf Verbraucherverträge,

3. gesetzliche Vorschriften über die Form des Erwerbs von Grundstücken und grundstücksgleichen Rechten sowie der Begründung, Übertragung, Änderung oder Aufhebung von dinglichen Rechten an Grundstücken und grundstücksgleichen Rechten,

4. das für den Schutz personenbezogener Daten geltende Recht.

(4) Die Absätze 1 und 2 gelten nicht für

1. die Tätigkeit von Notaren sowie von Angehörigen anderer Berufe, soweit diese ebenfalls hoheitlich tätig sind, 2. die Vertretung von Mandanten und die Wahrnehmung ihrer Interessen vor Gericht,

3. die Zulässigkeit nicht angeforderter kommerzieller Kommunikationen durch elektronische Post, 4. Gewinnspiele mit einem einen Geldwert darstellenden Einsatz bei Glücksspielen, einschließlich Lotterien und Wetten,

5. die Anforderungen an Verteildienste,

6. das Urheberrecht, verwandte Schutzrechte, Rechte im Sinne der Richtlinie 87/54/EWG des Rates vom 16. Dezember 1986 über den Rechtsschutz der Topographien von Halbleitererzeugnissen (ABl. EG Nr. L 24 S. 36) und der Richtlinie 96/9/EG des Europäischen Parlaments und des Rates vom 11. März 1996 über den rechtlichen Schutz von Datenbanken (ABl. EG Nr. L 77 S. 20) sowie für gewerbliche Schutzrechte,

7. die Ausgabe elektronischen Geldes durch Institute, die gemäß Artikel 8 Abs. 1 der Richtlinie 2000/46/EG des Europäischen Parlaments und des Rates vom 18. September 2000 über die Aufnahme, Ausübung und Beaufsichtigung der Tätigkeit von E-Geld-Instituten (ABl. EG Nr. L 275 S. 39) von der Anwendung einiger oder aller Vorschriften dieser Richtlinie und von der Anwendung der Richtlinie 2000/12/EG des Europäischen Parlaments und des Rates vom 20. März 2000 über die Aufnahme und Ausübung der Tätigkeit der Kreditinstitute (ABl. EG Nr. L 126 S. 1) freigestellt sind,

8. Vereinbarungen oder Verhaltensweisen, die dem

Kartellrecht unterliegen,

9. die von den §§ 12, 13a bis 13c, 55a, 83, 110a bis 110d, 111b und 111c des Versicherungsaufsichtsgesetzes und der Versicherungsberichterstattungs-Verordnung erfassten Bereiche, die Regelungen über das auf Versicherungsverträge anwendbare Recht sowie für Pflichtversicherungen.

(5) Das Angebot und die Erbringung von Telemedien durch einen Diensteanbieter, der in einem anderen Staat im Geltungsbereich der Richtlinien 2000/31/EG oder 89/552/EWG niedergelassen ist, unterliegen abweichend von Absatz 2 den Einschränkungen des innerstaatlichen Rechts, soweit dieses dem Schutz

1. der öffentlichen Sicherheit und Ordnung, insbesondere im Hinblick auf die Verhütung, Ermittlung, Aufklärung,

Verfolgung und Vollstreckung von Straftaten und Ordnungswidrigkeiten, einschließlich des Jugendschutzes und der Bekämpfung der Hetze aus Gründen der Rasse, des Geschlechts, des Glaubens oder der Nationalität sowie von Verletzungen der Menschenwürde einzelner Personen sowie die Wahrung nationaler Sicherheits- und Verteidigungsinteressen,

2. der öffentlichen Gesundheit,

3. der Interessen der Verbraucher, einschließlich des Schutzes von Anlegern, vor Beeinträchtigungen oder ernsthaften und schwerwiegenden Gefahren dient und die auf der Grundlage des innerstaatlichen Rechts in Betracht kommenden Maßnahmen in einem angemessenen Verhältnis zu diesen Schutzzielen stehen.

Für das Verfahren zur Einleitung von Maßnahmen nach Satz 1 - mit Ausnahme von gerichtlichen Verfahren einschließlich etwaiger Vorverfahren und der Verfolgung von Straftaten einschließlich der Strafvollstreckung und von Ordnungswidrigkeiten - sehen Artikel 3 Abs. 4 und 5 der Richtlinie 2000/31/EG sowie Artikel 2a Absatz 4 und 5 der Richtlinie 89/552/EWG Konsultations- und Informationspflichten vor.

Abschnitt 2 Zulassungsfreiheit und Informationspflichten

§ 4 Zulassungsfreiheit

Telemedien sind im Rahmen der Gesetze zulassungs- und anmeldefrei.

§ 5 Allgemeine Informationspflichten

(1) Diensteanbieter haben für geschäftsmäßige, in der Regel gegen Entgelt angebotene Telemedien folgende Informationen leicht erkennbar, unmittelbar erreichbar und ständig verfügbar zu halten:

1. den Namen und die Anschrift, unter der sie niedergelassen sind, bei juristischen Personen zusätzlich die Rechtsform, den Vertretungsberechtigten und, sofern Angaben über das Kapital der Gesellschaft gemacht werden, das Stamm- oder Grundkapital sowie, wenn nicht alle in Geld zu leistenden Einlagen eingezahlt sind, der Gesamtbetrag der ausstehenden Einlagen,

2. Angaben, die eine schnelle elektronische Kontaktaufnahme und unmittelbare Kommunikation mit ihnen ermöglichen, einschließlich der Adresse der elektronischen

Post,

3. soweit der Dienst im Rahmen einer Tätigkeit angeboten oder erbracht wird, die der behördlichen Zulassung bedarf, Angaben zur zuständigen Aufsichtsbehörde,

4. das Handelsregister, Vereinsregister, Partnerschaftsregister oder Genossenschaftsregister, in das sie eingetragen sind, und die entsprechende Registernummer,

5. soweit der Dienst in Ausübung eines Berufs im Sinne von Artikel 1 Buchstabe d der Richtlinie 89/48/EWG des Rates vom 21. Dezember 1988 über eine allgemeine Regelung zur Anerkennung der Hochschuldiplome, die eine mindestens dreijährige Berufsausbildung abschließen (ABl. EG Nr. L 19 S. 16), oder im Sinne von Artikel 1 Buchstabe f der Richtlinie 92/51/EWG des Rates vom 18. Juni 1992 über eine zweite allgemeine Regelung zur Anerkennung beruflicher Befähigungsnachweise in Ergänzung zur Richtlinie 89/48/EWG (ABl. EG Nr. L 209 S. 25, 1995 Nr. L 17 S. 20), zuletzt geändert durch die Richtlinie 97/38/EG der Kommission vom 20. Juni 1997 (ABl. EG Nr. L 184 S. 31), angeboten oder erbracht wird, Angaben über a) die Kammer, welcher die Diensteanbieter angehören, b) die gesetzliche Berufsbezeichnung und den Staat, in dem die Berufsbezeichnung verliehen worden ist, c) die Bezeichnung der berufsrechtlichen Regelungen und dazu, wie diese zugänglich sind,

6. in Fällen, in denen sie eine Umsatzsteueridentifikationsnummer nach § 27a des Umsatzsteuergesetzes oder eine Wirtschafts-Identifikationsnummer nach § 139c der Abgabenordnung besitzen, die Angabe dieser Nummer,

7. bei Aktiengesellschaften, Kommanditgesellschaften

auf Aktien und Gesellschaften mit beschränkter Haftung, die sich in Abwicklung oder Liquidation befinden, die Angabe hierüber.

(2) Weitergehende Informationspflichten nach anderen Rechtsvorschriften bleiben unberührt.

§ 6 Besondere Informationspflichten bei kommerziellen Kommunikationen

(1) Diensteanbieter haben bei kommerziellen Kommunikationen, die Telemedien oder Bestandteile von Telemedien sind, mindestens die folgenden Voraussetzungen zu beachten:

1. Kommerzielle Kommunikationen müssen klar als solche zu erkennen sein.

2. Die natürliche oder juristische Person, in deren Auftrag kommerzielle Kommunikationen erfolgen, muss klar identifizierbar sein.

3. Angebote zur Verkaufsförderung wie Preisnachlässe, Zugaben und Geschenke müssen klar als solche erkennbar sein, und die Bedingungen für ihre Inanspruchnahme müssen leicht zugänglich sein sowie klar und unzweideutig angegeben werden.

4. Preisausschreiben oder Gewinnspiele mit Werbecharakter müssen klar als solche erkennbar und die Teilnahmebedingungen leicht zugänglich sein sowie klar und unzweideutig angegeben werden.

(2) Werden kommerzielle Kommunikationen per elektronischer Post versandt, darf in der Kopf- und Betreffzeile weder der Absender noch der kommerzielle Charakter der Nachricht verschleiert oder verheimlicht werden. Ein Ver-

schleiern oder Verheimlichen liegt dann vor, wenn die Kopf- und Betreffzeile absichtlich so gestaltet sind, dass der Empfänger vor Einsichtnahme in den Inhalt der Kommunikation keine oder irreführende Informationen über die tatsächliche Identität des Absenders oder den kommerziellen Charakter der Nachricht erhält.

(3) Die Vorschriften des Gesetzes gegen den unlauteren Wettbewerb bleiben unberührt.

Abschnitt 3
Verantwortlichkeit

§ 7 Allgemeine Grundsätze

(1) Diensteanbieter sind für eigene Informationen, die sie zur Nutzung bereithalten, nach den allgemeinen Gesetzen verantwortlich.

(2) Diensteanbieter im Sinne der §§ 8 bis 10 sind nicht verpflichtet, die von ihnen übermittelten oder gespeicherten Informationen zu überwachen oder nach Umständen zu forschen, die auf eine rechtswidrige Tätigkeit hinweisen. Verpflichtungen zur Entfernung oder Sperrung der Nutzung von Informationen nach den allgemeinen Gesetzen bleiben auch im Falle der Nichtverantwortlichkeit des Diensteanbieters nach den §§ 8 bis 10 unberührt. Das Fernmeldegeheimnis nach § 88 des Telekommunikationsgesetzes ist zu wahren.

§ 8 Durchleitung von Informationen

(1) Diensteanbieter sind für fremde Informationen, die sie in einem Kommunikationsnetz übermitteln oder zu denen sie den Zugang zur Nutzung vermitteln, nicht verantwortlich, sofern sie

1. die Übermittlung nicht veranlasst,

2. den Adressaten der übermittelten Informationen nicht ausgewählt und

3. die übermittelten Informationen nicht ausgewählt oder verändert haben.

Satz 1 findet keine Anwendung, wenn der Diensteanbieter absichtlich mit einem Nutzer seines Dienstes zusammenarbeitet, um rechtswidrige Handlungen zu begehen.

(2) Die Übermittlung von Informationen nach Absatz 1 und die Vermittlung des Zugangs zu ihnen umfasst auch die automatische kurzzeitige Zwischenspeicherung dieser Informationen, soweit dies nur zur Durchführung der Übermittlung im Kommunikationsnetz geschieht und die Informationen nicht länger gespeichert werden, als für die Übermittlung üblicherweise erforderlich ist.

§ 9 Zwischenspeicherung zur beschleunigten Übermittlung von Informationen

Diensteanbieter sind für eine automatische, zeitlich begrenzte Zwischenspeicherung, die allein dem Zweck dient, die Übermittlung fremder Informationen an andere Nutzer auf deren Anfrage effizienter zu gestalten, nicht verantwortlich, sofern sie

1. die Informationen nicht verändern,

2. die Bedingungen für den Zugang zu den Informationen beachten,

3. die Regeln für die Aktualisierung der Informationen, die in weithin anerkannten und verwendeten Industriestandards festgelegt sind, beachten,

4. die erlaubte Anwendung von Technologien zur Sammlung von Daten über die Nutzung der Informationen, die in weithin anerkannten und verwendeten Industriestandards festgelegt sind, nicht beeinträchtigen und

5. unverzüglich handeln, um im Sinne dieser Vorschrift gespeicherte Informationen zu entfernen oder den Zugang zu ihnen zu sperren, sobald sie Kenntnis davon erhalten haben, dass die Informationen am ursprünglichen Ausgangsort der Übertragung aus dem Netz entfernt wurden oder der Zugang zu ihnen gesperrt wurde oder ein Gericht oder eine Verwaltungsbehörde die Entfernung oder Sperrung angeordnet hat. § 8 Abs. 1 Satz 2 gilt entsprechend.

§ 10 Speicherung von Informationen

Diensteanbieter sind für fremde Informationen, die sie für einen Nutzer speichern, nicht verantwortlich, sofern

1. sie keine Kenntnis von der rechtswidrigen Handlung oder der Information haben und ihnen im Falle von Schadensersatzansprüchen auch keine Tatsachen oder Umstände bekannt sind, aus denen die rechtswidrige Handlung oder die Information offensichtlich wird, oder 2. sie unverzüglich tätig geworden sind, um die Information zu entfernen oder den Zugang zu ihr zu sperren, sobald sie diese Kenntnis erlangt haben. Satz 1 findet keine Anwendung,

wenn der Nutzer dem Diensteanbieter untersteht oder von ihm beaufsichtigt wird.

Abschnitt 4
Datenschutz

§ 11 Anbieter-Nutzer-Verhältnis

(1) Die Vorschriften dieses Abschnitts gelten nicht für die Erhebung und Verwendung personenbezogener Daten der Nutzer von Telemedien, soweit die Bereitstellung solcher Dienste

1. im Dienst- und Arbeitsverhältnis zu ausschließlich beruflichen oder dienstlichen Zwecken oder

2. innerhalb von oder zwischen nicht öffentlichen Stellen oder öffentlichen Stellen ausschließlich zur Steuerung von Arbeits- oder Geschäftsprozessen erfolgt.

(2) Nutzer im Sinne dieses Abschnitts ist jede natürliche Person, die Telemedien nutzt, insbesondere um Informationen zu erlangen oder zugänglich zu machen.

(3) Bei Telemedien, die überwiegend in der Übertragung von Signalen über Telekommunikationsnetze bestehen, gelten für die Erhebung und Verwendung personenbezogener Daten der Nutzer nur § 15 Absatz 8 und § 16 Absatz 2 Nummer 4.

§ 12 Grundsätze

(1) Der Diensteanbieter darf personenbezogene Daten zur Bereitstellung von Telemedien nur erheben und verwenden, soweit dieses Gesetz oder eine andere Rechtsvorschrift, die sich ausdrücklich auf Telemedien bezieht, es erlaubt oder der Nutzer eingewilligt hat.

(2) Der Diensteanbieter darf für die Bereitstellung von Telemedien erhobene personenbezogene Daten für andere Zwecke nur verwenden, soweit dieses Gesetz oder eine

andere Rechtsvorschrift, die sich ausdrücklich auf Telemedien bezieht, es erlaubt oder der Nutzer eingewilligt hat.

(3) Soweit nichts anderes bestimmt ist, sind die jeweils geltenden Vorschriften für den Schutz personenbezogener Daten anzuwenden, auch wenn die Daten nicht automatisiert verarbeitet werden.

§ 13 Pflichten des Diensteanbieters

(1) Der Diensteanbieter hat den Nutzer zu Beginn des Nutzungsvorgangs über Art, Umfang und Zwecke der Erhebung und Verwendung personenbezogener Daten sowie über die Verarbeitung seiner Daten in Staaten

Außerhalb des Anwendungsbereichs der Richtlinie 95/46/EG des Europäischen Parlaments und des Rates vom 24. Oktober 1995 zum Schutz natürlicher Personen bei der Verarbeitung personenbezogener Daten und zum freien Datenverkehr (ABl. EG Nr. L 281 S. 31) in allgemein verständlicher Form zu unterrichten, sofern eine solche Unterrichtung nicht bereits erfolgt ist. Bei einem automatisierten Verfahren, das eine spätere Identifizierung des Nutzers ermöglicht und eine Erhebung oder Verwendung personenbezogener Daten vorbereitet, ist der Nutzer zu Beginn dieses Verfahrens zu unterrichten. Der Inhalt der Unterrichtung muss für den Nutzer jederzeit abrufbar sein.

(2) Die Einwilligung kann elektronisch erklärt werden, wenn der Diensteanbieter sicherstellt, dass

1. der Nutzer seine Einwilligung bewusst und eindeutig erteilt hat,

2. die Einwilligung protokolliert wird,

3. der Nutzer den Inhalt der Einwilligung jederzeit ab-

rufen kann und

4. der Nutzer die Einwilligung jederzeit mit Wirkung für die Zukunft widerrufen kann.

(3) Der Diensteanbieter hat den Nutzer vor Erklärung der Einwilligung auf das Recht nach Absatz 2 Nr. 4 hinzuweisen. Absatz 1 Satz 3 gilt entsprechend.

(4) Der Diensteanbieter hat durch technische und organisatorische Vorkehrungen sicherzustellen, dass

1. der Nutzer die Nutzung des Dienstes jederzeit beenden kann,

2. die anfallenden personenbezogenen Daten über den Ablauf des Zugriffs oder der sonstigen Nutzung unmittelbar nach deren Beendigung gelöscht oder in den Fällen des Satzes 2 gesperrt werden,

3. der Nutzer Telemedien gegen Kenntnisnahme Dritter geschützt in Anspruch nehmen kann,

4. die personenbezogenen Daten über die Nutzung verschiedener Telemedien durch denselben Nutzer getrennt verwendet werden können,

5. Daten nach § 15 Abs. 2 nur für Abrechnungszwecke zusammengeführt werden können und

6. Nutzungsprofile nach § 15 Abs. 3 nicht mit Angaben zur Identifikation des Trägers des Pseudonyms zusammengeführt werden können. An die Stelle der Löschung nach Satz 1 Nr. 2 tritt eine Sperrung, soweit einer Löschung gesetzliche, satzungsmäßige oder vertragliche Aufbewahrungsfristen entgegenstehen.

(5) Die Weitervermittlung zu einem anderen Diensteanbieter ist dem Nutzer anzuzeigen.

(6) Der Diensteanbieter hat die Nutzung von Telemedien und ihre Bezahlung anonym oder unter Pseudonym zu ermöglichen, soweit dies technisch möglich und zumutbar ist. Der Nutzer ist über diese Möglichkeit zu informieren.

(7) Der Diensteanbieter hat dem Nutzer nach Maßgabe von § 34 des Bundesdatenschutzgesetzes auf Verlangen Auskunft über die zu seiner Person oder zu seinem Pseudonym gespeicherten Daten zu erteilen. Die Auskunft kann auf Verlangen des Nutzers auch elektronisch erteilt werden.

§ 14 Bestandsdaten

(1) Der Diensteanbieter darf personenbezogene Daten eines Nutzers nur erheben und verwenden, soweit sie für die Begründung, inhaltliche Ausgestaltung oder Änderung eines Vertragsverhältnisses zwischen dem Diensteanbieter und dem Nutzer über die Nutzung von Telemedien erforderlich sind (Bestandsdaten).

(2) Auf Anordnung der zuständigen Stellen darf der Diensteanbieter im Einzelfall Auskunft über Bestandsdaten erteilen, soweit dies für Zwecke der Strafverfolgung, zur Gefahrenabwehr durch die Polizeibehörden der Länder, zur Erfüllung der gesetzlichen Aufgaben der Verfassungsschutzbehörden des Bundes und der Länder, des Bundesnachrichtendienstes oder des Militärischen Abschirmdienstes oder des Bundeskriminalamtes im Rahmen seiner Aufgabe zur Abwehr von Gefahren des internationalen Terrorismus oder zur Durchsetzung der Rechte am geistigen Eigentum erforderlich ist.

§ 15 Nutzungsdaten

(1) Der Diensteanbieter darf personenbezogene Daten eines Nutzers nur erheben und verwenden, soweit dies erforderlich ist, um die Inanspruchnahme von Telemedien zu ermöglichen und abzurechnen (Nutzungsdaten). Nutzungsdaten sind insbesondere

1. Merkmale zur Identifikation des Nutzers,

2. Angaben über Beginn und Ende sowie des Umfangs der jeweiligen Nutzung und

3. Angaben über die vom Nutzer in Anspruch genommenen Telemedien.

(2) Der Diensteanbieter darf Nutzungsdaten eines Nutzers über die Inanspruchnahme verschiedener Telemedien zusammenführen, soweit dies für Abrechnungszwecke mit dem Nutzer erforderlich ist.

(3) Der Diensteanbieter darf für Zwecke der Werbung, der Marktforschung oder zur bedarfsgerechten Gestaltung der Telemedien Nutzungsprofile bei Verwendung von Pseudonymen erstellen, sofern der Nutzer dem nicht widerspricht. Der Diensteanbieter hat den Nutzer auf sein Widerspruchsrecht im Rahmen der Unterrichtung nach § 13 Abs. 1 hinzuweisen. Diese Nutzungsprofile dürfen nicht mit Daten über den Träger des Pseudonyms zusammengeführt werden.

(4) Der Diensteanbieter darf Nutzungsdaten über das Ende des Nutzungsvorgangs hinaus verwenden, soweit sie für Zwecke der Abrechnung mit dem Nutzer erforderlich sind (Abrechnungsdaten). Zur Erfüllung bestehender gesetzlicher, satzungsmäßiger oder vertraglicher Aufbewahrungsfristen darf der Diensteanbieter die Daten sperren.

(5) Der Diensteanbieter darf an andere Diensteanbieter oder Dritte Abrechnungsdaten übermitteln, soweit dies zur Ermittlung des Entgelts und zur Abrechnung mit dem Nutzer erforderlich ist. Hat der Diensteanbieter mit einem Dritten einen Vertrag über den Einzug des Entgelts geschlossen, so darf er diesem Dritten Abrechnungsdaten übermitteln, soweit es für diesen Zweck erforderlich ist. Zum Zwecke der Marktforschung anderer Diensteanbieter dürfen anonymisierte Nutzungsdaten übermittelt werden. § 14 Abs. 2 findet entsprechende Anwendung.

(6) Die Abrechnung über die Inanspruchnahme von Telemedien darf Anbieter, Zeitpunkt, Dauer, Art, Inhalt und Häufigkeit bestimmter von einem Nutzer in Anspruch genommener Telemedien nicht erkennen lassen, es sei denn, der Nutzer verlangt einen Einzelnachweis.

(7) Der Diensteanbieter darf Abrechnungsdaten, die für die Erstellung von Einzelnachweisen über die Inanspruchnahme bestimmter Angebote auf Verlangen des Nutzers verarbeitet werden, höchstens bis zum Ablauf des sechsten Monats nach Versendung der Rechnung speichern. Werden gegen die Entgeltforderung innerhalb dieser Frist Einwendungen erhoben oder diese trotz Zahlungsaufforderung nicht beglichen, dürfen die Abrechnungsdaten weiter gespeichert werden, bis die Einwendungen abschließend geklärt sind oder die Entgeltforderung beglichen ist.

(8) Liegen dem Diensteanbieter zu dokumentierende tatsächliche Anhaltspunkte vor, dass seine Dienste von bestimmten Nutzern in der Absicht in Anspruch genommen werden, das Entgelt nicht oder nicht vollständig zu entrichten, darf er die personenbezogenen Daten dieser Nut-

zer über das Ende des Nutzungsvorgangs sowie die in Absatz 7 genannte Speicherfrist hinaus nur verwenden, soweit dies für Zwecke der Rechtsverfolgung erforderlich ist.

Der Diensteanbieter hat die Daten unverzüglich zu löschen, wenn die Voraussetzungen nach Satz 1 nicht mehr vorliegen oder die Daten für die Rechtsverfolgung nicht mehr benötigt werden. Der betroffene Nutzer ist zu unterrichten, sobald dies ohne Gefährdung des mit der Maßnahme verfolgten Zweckes möglich ist.

§ 15a Informationspflicht bei unrechtmäßiger Kenntniserlangung von Daten

Stellt der Diensteanbieter fest, dass bei ihm gespeicherte Bestands- oder Nutzungsdaten unrechtmäßig übermittelt worden oder auf sonstige Weise Dritten unrechtmäßig zur Kenntnis gelangt sind, und drohen schwerwiegende Beeinträchtigungen für die Rechte oder schutzwürdigen Interessen des betroffenen Nutzers, gilt § 42a des Bundesdatenschutzgesetzes entsprechend.

Abschnitt 5 Bußgeldvorschriften

§ 16 Bußgeldvorschriften

(1) Ordnungswidrig handelt, wer absichtlich entgegen § 6 Abs. 2 Satz 1 den Absender oder den kommerziellen Charakter der Nachricht verschleiert oder verheimlicht.

(2) Ordnungswidrig handelt, wer vorsätzlich oder fahrlässig

1. entgegen § 5 Abs. 1 eine Information nicht, nicht richtig oder nicht vollständig verfügbar hält,

2. entgegen § 13 Abs. 1 Satz 1 oder 2 den Nutzer nicht,

nicht richtig, nicht vollständig oder nicht rechtzeitig unterrichtet,

3. einer Vorschrift des § 13 Abs. 4 Satz 1 Nr. 1 bis 4 oder 5 über eine dort genannte Pflicht zur Sicherstellung zuwiderhandelt,

4. entgegen § 14 Abs. 1 oder § 15 Abs. 1 Satz 1 oder Abs. 8 Satz 1 oder 2 personenbezogene Daten erhebt oder verwendet oder nicht oder nicht rechtzeitig löscht oder

5. entgegen § 15 Abs. 3 Satz 3 ein Nutzungsprofil mit Daten über den Träger des Pseudonyms zusammenführt.

(3) Die Ordnungswidrigkeit kann mit einer Geldbuße bis zu fünfzigtausend Euro geahndet werden.

BONUSMATERIAL

Als Erwerber dieses Buches können Sie einen anwaltsgeprüften Mustervertrag für einen Qualifizierten Makler-Alleinauftrag als Bonusmaterial anfordern. Schreiben Sie dazu einfach ein eMail an folgende Adresse:

EIM@alexander-goldwein.de

An dieser Stelle möchte ich mich bei allen treuen Lesern herzlich bedanken für viele interessante Rückmeldungen und Gespräche.

DER AUTOR

Alexander Goldwein ist gelernter Jurist und hat einen internationalen Bildungshintergrund. Er hat in drei Staaten in drei Sprachen studiert.

Er ist mit Kapitalanlagen in Immobilien self-made Millionär geworden. Als Autor und Berater hat er zudem zahlreiche Menschen zu wirtschaftlichem Erfolg geführt. Durch seine Bücher hat Goldwein sich bei privaten Immobilieninvestoren einen legendären Ruf erarbeitet, weil er mit seinen ganzheitlichen Erklärungsansätzen den idealen

Nährboden für gelungene Investitionen in Wohnimmobilien erzeugt. Mit eigenen Investitionen in Immobilien hat er ein beachtliches Vermögen aufgebaut und wirtschaftliche Unabhängigkeit erlangt.

In seinen Büchern verfolgt der Autor Goldwein konsequent den Ansatz, komplexe Themen einfach zu erklären, so dass auch Anfänger ohne Vorkenntnisse mühelos folgen können. Er erreicht so alle, die gerne in Immobilien investieren würden, aber bisher noch keinen Zugang zu dem notwendigen Fachwissen erhalten haben. Leider werden Grundkenntnisse des Investierens und des klugen Umgangs mit Geld in unserem Bildungssystem sträflich vernachlässigt. So erklärt sich, dass viele Menschen sich damit schwer tun und ihre Chancen nicht richtig nutzen.

Goldwein verfügt über eine große Bandbreite praktischer Erfahrung aus seiner Tätigkeit als Unternehmensjurist in der Rechtsabteilung einer Bank sowie als kaufmännischer Projektleiter in der Immobilienbranche. In seiner praktischen Laufbahn hat er Immobilieninvestments in den USA und in Deutschland aus wirtschaftlicher und rechtlicher Sicht begleitet und verantwortet.

Weiteren Informationen finden Sie auf der Internetseiten des Autors: https://alexander-goldwein.de

GELD VERDIENEN MIT WOHNIMMOBILIEN
Erfolg als privater Immobilieninvestor

ISBN:
9783947201495
(Taschenbuch)
ISBN:
9780994853332
(Gebundene Ausgabe)
Auf Amazon.de:
https://amzn.to/2YFxbgj

Auch Sie können Erfolg haben mit Kapitalanlagen in Wohnimmobilien! In diesem Buch erklärt der gelernte Jurist und Banker Alexander Goldwein verständlich und mit konkret durchgerechneten Beispielen, wie Sie mit Wohnimmobilien ein Vermögen aufbauen und finanzielle Freiheit erlangen können. Die Lektüre setzt keine Vorkenntnisse voraus und ist auch für Anfänger geeignet. In diesem Buch erfahren Sie ganz konkret:

- Strategien zur sicheren & rentablen Kapitalanlage in Wohnimmobilien
- Aufspüren lukrativer Renditeimmobilien auch in angespannten Märkten
- Grundlagen der Immobilienbewertung und Kaufpreisfindung
- Checklisten zur professionellen Prüfung & Verhandlungsstrategien für den Ankauf
- Strategien für die optimale Finanzierung und Hebelung der Eigenkapitalrendite
- Berechnung von Cash-Flow & Rendite mit dem als Bonus erhältlichen Excel-Rechentool
- Steueroptimierte Bewirtschaftung & Realisierung von

Veräußerungsgewinnen
- Praxisrelevante Grundlagen des Immobilienrechtes (inklusive der Besonderheiten bei vermieteten Eigentumswohnungen)
- Praxisrelevante Grundlagen des Mietrechtes (inklusive der Regelungen zu Mieterhöhungen)

STEUERLEITFADEN FÜR IMMOBILIENINVESTOREN
Der ultimative Steuerratgeber für Privatinvestitionen in Wohnimmobilien

ISBN: 9783947201488 (Taschenbuch)
ISBN: 9780994853387 (Gebundene Ausgabe)
Auf Amazon.de: https://amzn.to/34tufW8

Sichern Sie sich maximale Steuervorteile durch überlegenes Wissen! Der Autor erklärt Ihnen Schritt für Schritt praxiserprobte Steuerstrategien für vermietete Wohnimmobilien. Kompakt, verständlich und gründlich.

- Maximaler Ansatz von Werbungskosten
- Realisierung steuerfreier Veräußerungsgewinne
- Steuervorteile bei Denkmalschutzimmobilien
- Ferienimmobilien im In- und Ausland als Renditeobjekt
- Erbschafts- und Schenkungssteuer (steueroptimierte Übertragung auf Ehepartner & Kinder)
- Bonusmaterial: Excel-Tool für Kalkulation von Rendite, Fi-

nanzierungskosten und Cash-Flow Das Markenzeichen von Alexander Goldwein ist, komplexe Themen einfach zu erklären. So haben auch Leser ohne Vorkenntnisse die Chance, die Zusammenhänge zu verstehen und dieses Wissen für sich zu nutzen. Das Buch enthält zahlreiche Beispiele aus der Praxis und aktuelle Hinweise auf die Rechtsprechung und auf Schreiben des Bundesfinanzministeriums. Es ist sowohl für Anfänger als auch für Fortgeschrittene geeignet. Profitieren Sie von den praktischen Erfahrungen des Autors als erfolgreicher Immobilieninvestor, Jurist mit Spezialisierung im Steuerrecht und als kaufmännischer Projektleiter in der Immobilienbranche!

VERMIETUNG & MIETERHÖHUNG **Mit anwaltsgeprüftem Mustermietvertrag & Mustertexten**	
	ISBN: (Taschenbuch) 9783947201440 ISBN: (Gebundene Ausgabe) 9780994853394 Auf Amazon.de: https://amzn.to/2ObоV2g
Dieser Ratgeber hilft mit umfassenden Informationen und praktischen Tipps, die Vermietung professionell anzupacken. Er führt verständlich in die praxisrelevanten Grundlagen des Mietrechtes ein und leitet daraus strategische Empfehlungen ab. Darüber hinaus erhalten Sie zahlreiche Mustertexte (z.B.	

Übergabeprotokolle, Betriebskostenabrechnungen) und Musterschreiben (z.B. für Mieterhöhungen, Abmahnungen und Kündigungen), um das vermittelte Wissen konkret in die Praxis umzusetzen. Die Mustertexte können Sie auch als Datei anfordern, um diese zu bearbeiten und selbst auszudrucken.

- Anwaltsgeprüfter Mustermietvertrag und zahlreiche Mustertexte für die praktische Umsetzung
- Strategien für die richtige Mieterauswahl
- Muster für professionelle Nebenkostenabrechnung
- Mieterhöhungen durchsetzen & Mietminderungen abwehren
- Entschärfung von Konfliktherden mit Mietern

Der Autor Goldwein ist selbst erfolgreicher Vermieter. Als gelernter Jurist hat er sich auf das Immobilienrecht spezialisiert und mehrere Bestseller zu Kapitalanlagen in Wohnimmobilien geschrieben.

IMMOBILIEN STEUEROPTIMIERT VERSCHENKEN & VERERBEN
Erbfolge durch Testament regeln & Steuern sparen mit Freibeträgen & Schenkungen von Häusern & Eigentumswohnungen

ISBN: 9783947201433 (Taschenbuch)
ISBN: 9780994853349 (Gebundene Ausgabe)
Auf Amazon.de:
https://amzn.to/2UEuXL7

Dieser Ratgeber hilft Ihnen, Ihr Testament richtig aufzusetzen und die Übertragung Ihres Vermögens auf die nachfolgenden Generationen steueroptimiert zu gestalten. Immobilien als Bestandteil des Vermögens sind in ganz besonderem Maße geeignet, durch Ausnutzung von Gestaltungsspielräumen Steuern zu sparen und die alte Generation für das Alter abzusichern. Die Grundlagen und Gestaltungsmöglichkeiten werden in diesem Buch systematisch und verständlich dargestellt. Die Lektüre setzt keine Vorkenntnisse voraus und ist auch für rechtliche Laien geeignet.

Aus dem Inhalt:

- Darstellung der gesetzlichen Erbfolge mit den Konsequenzen für die Erbschaftsteuerbelastung
- Optimale Gestaltung des Testamentes zur Übertragung von Immobilien auf Kinder und Enkel
- Schenkungen von Immobilien zu Lebzeiten als Mittel zur Senkung der Steuerbelastung
- Absicherung des Schenkers von Immobilien durch Nießbrauch, dingliches Wohnrecht und Leibrente
- Anhang mit Mustertexten zur Umsetzung der Strategien

Der self-made Millionär und Bestsellerautor Goldwein ist gelernter Jurist mit einer Spezialisierung im Immobilien- und Steuerrecht. Er hat mit seinen Ratgeberbüchern zahlreiche Leser begeistert und zu wirtschaftlichem Erfolg geführt. Mehrere seiner praktischen Ratgeber sind Beststeller Nr. 1 bei Amazon geworden.

DIE GESETZE VON ERFOLG & GLÜCK
Ihr Weg zu finanzieller Freiheit & Zufriedenheit

ISBN: 9783947201013 (Taschenbuch)
ISBN: 9783947201136 (Gebundene Ausgabe)
Auf Amazon.de: https://amzn.to/2pPSAAm

Es ist die Frage der Fragen: Wie wird man als Mensch erfolgreich und glücklich?

Der self-made Millionär und Bestsellerautor Goldwein gibt Antworten und verrät in diesem Buch die Geheimnisse seines phänomenalen Erfolges. Innerhalb weniger Jahre ist der gelernte Jurist mit Kapitalanlagen in Immobilien Millionär geworden und darüber hinaus zu einem der erfolgreichsten Sachbuchautoren in Deutschland aufgestiegen. Er hat mit seinen Ratgeberbüchern viele Leser begeistert und zu wirtschaftlichem Erfolg geführt.

Aus dem Inhalt:

- Selbsterkenntnis als Schlüssel zum Erfolg
- Wege in die finanzielle Freiheit
- Chancen erkennen & nutzen
- Steigerung der Effizienz mit einfachen Mitteln
- Steigerung der Lebensqualität & Zufriedenheit
- Mehr Erfolg bei weniger Stress
- Unabhängigkeit & Freiheit erlangen

ben zahlreiche Leser begeistert und zum Erfolg geführt.

Als Leser dieses Buches sind Sie zum kostenlosen Bezug von attraktivem Bonusmaterial des Autors in Form eines Wissenspaketes für Immobilieninvestoren berechtigt.

IMMOBILIEN IN SPANIEN
Erwerben, Selbstnutzen & Vermieten

ISBN: 9783947201457 (Taschenbuch)
ISBN: 9783947201228 (Gebundene Ausgabe)
Auf Amazon.de: https://amzn.to/2ryjymp

Viele Menschen träumen von einer eigenen Immobilie in Spanien. Dieser Ratgeber zeigt Ihnen, worauf es beim Erwerb und bei der Finanzierung ankommt und wie Sie Fehler vermeiden.

Sie erfahren ganz konkret:

- Kriterien für die Auswahl der Immobilie
- Ermittlung des angemessenen Kaufpreises
- Rechtssicherer Erwerb in Spanien
- Eliminierung typischer Fehlerquellen
- Eigennutzung und Vermietung
- Immobilie in Spanien als Kapitalanlage
- Steuerrechtliche Fragen bei Erwerb und Vermietung
- VISA-Anforderungen für langfristige Niederlassung

Der Bestsellerautor Goldwein ist gelernter Jurist und hat in drei Staaten in drei Sprachen studiert. Er beschäftigt sich seit fast

20 Jahren professionell mit Immobilien und ist selbst Eigentümer von Immobilien in Spanien, Deutschland und Florida. Mehrere seiner Bücher sind Bestseller Nr. 1 bei Amazon und haben zahlreiche Leser begeistert und zum Erfolg geführt.

Als Leser dieses Buches sind Sie zum kostenlosen Bezug von attraktivem Bonusmaterial des Autors in Form eines Wissenspaketes für Immobilieninvestoren berechtigt.

IMMOBILIEN IN DEN USA
Erwerben, Selbstnutzen & Vermieten

ISBN: 9783947201464 (Taschenbuch)
ISBN: 9783947201242 (Gebundene Ausgabe)
Auf Amazon.de: https://amzn.to/2OLGxCA

Viele Menschen träumen von einer eigenen Immobilie in den USA. Dieser Ratgeber zeigt Ihnen, worauf es beim Erwerb und bei der Finanzierung ankommt und wie Sie Fehler vermeiden.

Sie erfahren ganz konkret:

- Kriterien für die Auswahl der Immobilie
- Kriterien für die Auswahl des Standortes
- Ermittlung des angemessenen Kaufpreises
- Rechtssicherer Erwerb in den USA
- Eliminierung typischer Fehlerquellen
- Eigennutzung und Vermietung
- Ferienimmobilie als Kapitalanlage
- Steuerrechtliche Fragen bei Erwerb und Vermietung

- VISA-Anforderungen in den USA

Der Bestsellerautor Goldwein ist gelernter Jurist und hat in drei Staaten in drei Sprachen studiert. Er beschäftigt sich seit fast 20 Jahren professionell mit Immobilien und ist selbst Eigentümer von Immobilien in den USA, Deutschland und Spanien. Mehrere seiner Bücher sind Bestseller Nr. 1 bei Amazon und haben zahlreiche Leser begeistert und zum Erfolg geführt

Als Leser dieses Buches sind Sie zum kostenlosen Bezug von attraktivem Bonusmaterial des Autors in Form eines Wissenspaketes für Immobilieninvestoren berechtigt.

DAS IMMOBILIEN-PRAXISHANDBUCH FÜR EIGENNUTZER

Die richtige Strategie für Immobilienkauf, Immobilienfinanzierung & Neubau

ISBN: 9783947201334 (Taschenbuch)
ISBN: 9783947201341 (Gebundene Ausgabe)
Auf Amazon.de: https://amzn.to/2HDMHnu

Kauf, Neubau und Finanzierung eines Eigenheims stellen langfristige und weitreichende Weichenstellungen dar. In diesem Ratgeber erhalten Sie umfangreiche Informationen und Checklisten für den Kauf einer gebrauchten Immobilie sowie für den Neubau in Eigenregie. Als Bonus ist ein Excel-Rechentool für Immobiliendarlehen verfügbar. Mit diesem Ratgeber werden Sie in der Lage sein, die Anschaffung und Finanzierung gut zu organisieren und teure Fehlgriffe zu vermeiden.

Aus dem Inhalt:

- Kauf einer gebrauchten Immobilie
- Kauf einer Neubauimmobilie vom Bauträger
- Kauf eines Grundstückes & Bau in Eigenregie
- Besonderheiten beim Kauf einer Eigentumswohnung
- Kauf in der Zwangsversteigerung
- Strategien für eine intelligente Finanzierung mit Darlehen & Eigenkapital
- Staatliche Förderung des Eigenheimerwerbs (z.B. Wohn-Riester)
- Berechnungstool für Darlehensfinanzierungen

Der Bestsellerautor Goldwein beschäftigt sich als Investor, Banker und Jurist mit einer Spezialisierung im Immobilienrecht seit fast 20 Jahren professionell mit Wohnimmobilien. Mehrere seiner Bücher sind Bestseller Nr. 1 bei Amazon und haben zahlreiche Leser begeistert und zum Erfolg geführt.

LEITFADEN FÜR INVESTMENTSTRATEGIE, STEUERSTRATEGIE & STEUEROPTIMIERTE RECHTSFORMWAHL

Das Erfolgsgeheimnis für den Aufstieg aus der Mittelschicht zum Millionär

ISBN: 9783947201372 (Taschenbuch)
ISBN: 9783947201389 (Gebundene Ausgabe)
Auf Amazon.de:
https://amzn.to/2t58tHv

Viele Menschen aus der Mittelschicht schaffen den Aufstieg zum Millionär nur deshalb nicht, weil ihnen die entscheidenden Informationen fehlen, um ihre Steuerbelastung zu verringern und durch intelligente Investitionen ein Vermögen aufzubauen. Das gilt insbesondere für hochqualifizierte Arbeitnehmer und kleinere mittelständische Unternehmer.

Für die Erlangung von finanzieller Freiheit und wirtschaftlicher Unabhängigkeit ist der Aufbau eines größeren Vermögens unverzichtbar. Dazu sind drei entscheidende Baustellen in den Blick zu nehmen:

1. Erhöhung der Einnahmen
2. Intelligente Investition von Kapital zur Generierung passiver Einkünfte
3. Begrenzung der Steuerbelastung

Dieser Ratgeber vermittelt das entscheidende Wissen für eine ausgefeilte Investment- und Steuerstrategie, die für jedermann umsetzbar ist und den Weg zur finanziellen Freiheit und Unabhängigkeit ebnet.

EXISTENZGRÜNDUNG LEICHT GEMACHT: IN 7 SCHRITTEN ERFOLGREICH DURCHSTARTEN IN DIE SELBSTÄNDIGKEIT:

Geschäftsmodell, Charakterliche Eignung, Recht & Steuern

ISBN: 9783947201419 (Taschenbuch)
ISBN: 9783947201426 (Gebundene Ausgabe)
Auf Amazon.de: https://amzn.to/2OaEsj1

Viele Menschen träumen von einer Karriere als erfolgreicher Unternehmer. Doch nur wenige erreichen dieses Ziel. Für unternehmerischen Erfolg sind grundlegende charakterliche Prägungen und Veranlagungen erforderlich. Mindestens genauso wichtig sind ein planmäßiges Vorgehen und eine gute Wissensgrundlage.

Dieser Ratgeber vermittelt die erforderlichen Grundlagen für eine erfolgreiche Existenzgründung und hilft bei der Entwicklung eines tragfähigen Geschäftsmodells. Außerdem verrät der Autor die besten 3 Geschäftsmodelle aus seiner Beratungspraxis für Existenzgründer.

Der Bestsellerautor und self-made Millionär Alexander Goldwein ist gelernter Jurist und erfolgreicher Unternehmer und Investor. Mit seinen Ratgeberbüchern hat er zahlreiche Leser begeistert und zu wirtschaftlichem Erfolg geführt.

RECHTSFORMWAHL FÜR SELBSTÄNDIGE & EXISTENZGRÜNDER: Mit Optimaler Rechtsform Haftung begrenzen, Steuerbelastung senken und Gewinn steigern

ISBN: 9783947201396 (Taschenbuch)
ISBN: 9783947201402 (Gebundene Ausgabe)
Auf Amazon.de: https://amzn.to/2HtTQXi

Viele Selbständige und Existenzgründer unterschätzen radikal die Bedeutung der Rechtsformwahl für die Optimierung der Steuerbelastung und Altersvorsorge. Oft erkennen sie erst Jahre später, dass die GmbH als Rechtsform viele Steuern gespart hätte.

In diesem Leitfaden werden die möglichen Rechtsformen vorgestellt und die Auswirkungen der Rechtsformwahl auf Haftungsbegrenzung, Steuerbelastung und Altersvorsorge beleuchtet. Darüber hinaus werden die Aspekte eines Rechtsformwechsels bei einem bereits bestehenden Unternehmen besprochen.

Der als Bonus zu diesem Buch verfügbare Steuerbelastungsvergleichsrechner auf MS-Excel-Basis ermöglicht exakte Vergleichsrechnungen der Gesamtsteuerbelastung für unterschiedliche Rechtsformen.

Aus dem Inhalt:

- Grundlagen der Rechtsformwahl für die selbständige Tätigkeit
- Steuerbelastungsvergleiche zur Herleitung der Vorteil-

haftigkeit der GmbH

- Steuerbelastungsvergleichsrechner auf MS-Excel-Basis
- Rechtsformwechsel eines bereits bestehenden Unternehmens
- Pensionszusage der inhabergeführten GmbH als intelligente Kombination einer Altersvorsorge mit einem Steuersparmodell

Der Bestsellerautor Goldwein ist gelernter Jurist und hat in drei Staaten in drei Sprachen studiert. Er hat viele Jahre Erfahrung als kaufmännischer Projektleiter in der Immobilienbranche sowie als Unternehmensjurist und Banker. Der Autor Goldwein ist spezialisiert auf Immobilienrecht und Steuerrecht. Darüber hinaus ist er selbst erfolgreicher Investor in Wohnimmobilien. Er beschäftigt sich seit fast 20 Jahren professionell mit Immobilien und ist selbst Eigentümer von Immobilien in Deutschland, Spanien und Florida. Mehrere seiner Bücher sind Bestseller Nr. 1 bei Amazon und haben zahlreiche Leser begeistert und zum Erfolg geführt. Weitere Informationen finden Sie auf der Internetseite des Autors:
https://alexander-goldwein.de

HAFTUNGSAUSSCHLUSS

Die Umsetzung aller enthaltenen Informationen, Anleitungen und Strategien dieses Werkes erfolgt auf eigenes Risiko. Für etwaige Schäden jeglicher Art kann der Verlag/Herausgeber/Autor aus keinem Rechtsgrund eine Haftung übernehmen. Für Schäden materieller oder ideeller Art, die durch die Nutzung oder Nichtnutzung der Informationen bzw. durch die Nutzung fehlerhafter und/oder unvollständiger Informationen verursacht wurden, sind Haftungsansprüche gegen den Verlag/Herausgeber/Autor grundsätzlich ausgeschlossen. Ausgeschlossen sind daher auch jegliche Rechts- und Schadensersatzansprüche. Dieses Werk wurde mit größter Sorgfalt nach bestem Wissen und Gewissen erarbeitet und niedergeschrieben. Für die Aktualität, Vollständigkeit und Qualität der Informationen übernimmt der Verlag/Herausgeber/Autor jedoch keinerlei Gewähr. Auch können Druckfehler und Falschinformationen nicht vollständig ausgeschlossen werden. Für fehlerhafte Angaben vom Verlag/Herausgeber/Autor kann keine juristische Verantwortung sowie Haftung in irgendeiner Form übernommen werden

www.ingramcontent.com/pod-product-compliance
Lightning Source LLC
Chambersburg PA
CBHW072248210326
41458CB00073B/842

* 9 7 8 3 9 4 7 2 0 1 1 4 3 *